GRÜN FÜR JEDEN RAUM

MODESTE HERWIG

GRÜN FÜR JEDEN RAUM

MIT ZIMMERPFLANZEN SCHÖNER WOHNEN

blv

Über die Autorin

MODESTE HERWIG schrieb mehr als vierzig Gartenbücher. Sie entwirft Gärten und unternimmt viele Reisen, um die schönsten mit der Kamera festzuhalten.
Ihre Fotos erscheinen regelmäßig in internationalen Fachzeitschriften.

Bibliographische Information der Deutschen Nationalbibliothek

Die Deutsche Nationalbibliothek verzeichnet diese Publikation in der Deutschen Nationalbibliografie; detaillierte bibliografische Daten sind im Internet über http://dnb.d-nb.de abrufbar.

BLV Buchverlag GmbH & Co. KG
80636 München

www.terra-publishing.com
Text- und Bildauswahl: Modeste Herwig

Umschlagkonzeption und Gestaltung: BLV Buchverlag
Umschlagfotos: Thinkstock Photos (Vorderseite);
Rückseite: Bloemenbureau Holland, www.bloemenbureau Holland.nl (links), Thinkstock Photos (Mitte), Flora Press, www.flora-press.de (rechts)

Aus dem Niederländischen von Katrin Bunge

Lektorat deutsche Ausgabe: Rita Meixner
Herstellung: Hermann Maxant
Layoutkonzept Innenteil: Daphne van Langen/RAZA, Amsterdam

Gedruckt auf chlorfrei gebleichtem Papier

Printed in Germany

ISBN 978-3-8354-1848-6

INHALT

ZIMMERLINDE

Gartenpflanzen sind meine Leidenschaft, doch ohne grüne Zimmergenossen kann ich nicht glücklich sein. Mein Herz hängt an der Zimmerlinde, die ich regelmäßig vermehre, an dem stattlichen *Ficus* in meinem Büro und an der robusten Klivie, die ich schon sehr lange habe und die mich jedes Jahr wieder mit ihren großen, orangefarbenen Blüten überrascht. In der Küche stehen Grünpflanzen mit winzigen Blättern in aufeinandergestapelten Töpfen und auch eine Mini-Orchidee. Auf der Arbeitsfläche wachsen essbare Pflanzen in Gefäßen und über dem Küchentisch hängt eine Schamblume, die fast das ganze Jahr hindurch blüht. Im Bad gedeiht zufrieden eine Palme und im Schlafzimmer verschönern zwei Exemplare des Ballfarns das Fensterbrett. Auf dem kühlen Dachboden überwintern jene Pflanzen, die im Sommer draußen stehen.

Meine Liebe zu Zimmerpflanzen habe ich von meinem Vater Rob Herwig. Er fotografierte Pflanzen für ein neues Zimmerpflanzenbuch und ich half ihm dabei. Ein Jahr lang streifte ich durch Gartencenter, war in großen Gärtnereien und besuchte Pflanzenversteigerungen, um die schönsten Exemplare zu finden. Als die Fotos fertig waren, konnte ich einen Teil der Pflanzen mit nach Hause nehmen. Die große Klivie auf meinem Schreibtisch stammt noch aus jener Zeit. Ich finde es großartig, all die wunderschönen Schätze aus fernen, exotischen Ländern selbst zu kultivieren und aus der Nähe bewundern zu können.

Für dieses Buch habe ich etwa 200 verschiedene Pflanzen zusammengetragen, die gut in Töpfen gedeihen. Mit dabei sind Klassiker wie der *Ficus,* aber auch solche Zimmerpflanzen, die erst seit Kurzem im Handel sind, denn für jeden Raum im Haus gibt es eine passende Pflanze. Ich wünsche Ihnen viel Freude mit der Pflege Ihrer grünen Zimmergenossen.

Modeste Herwig

I
ZIMMERPFLANZEN BASICS

ZIMMERPFLANZEN

Die Bezeichnung »Zimmerpflanze« ist eigentlich irreführend, denn es gibt keine Pflanze, die von Natur aus in einem Zimmer wächst. Die Arten, die wir in unseren Wohnungen kultivieren, wachsen ursprünglich im tropischen Regenwald, in den Mangroven, in der Savanne oder auch im Gebirge. Fast immer in warmen, frostfreien Gebieten. Dort wachsen sie zu prächtigen Exemplaren heran, die in unseren kultivierten Zimmerpflanzen kaum wiederzuerkennen sind. Ab dem 17. Jahrhundert brachten Entdeckungsreisende diese wunderschönen exotischen Pflanzen nach Europa. Die langen Reisen auf dem Schiff überlebten sie in speziell angefertigten Kisten, und da die Exoten nicht frostbeständig waren, wurden sie auf dem hiesigen Kontinent in Orangerien vor Kälte geschützt. Etwa um 1850 begann die Verbreitung der Zimmerpflanzen, vor allem durch die industrielle Revolution und die Urbanisierung. In den Städten gab es nur wenig Natur. Doch wer kann schon ohne Grün um sich herum glücklich sein? Der Wohlstand und die arbeitsfreie Zeit nahmen zu und die Pflege von Zimmerpflanzen wurde zum Hobby. Mittlerweile sind Pflanzen ein fester Bestandteil der Wohnungseinrichtung und das Sortiment ist riesig.

Viele Pflanzen, die Sie in diesem Buch finden, kommen in der Natur jedoch nicht vor. Sie wurden durch gezielte Kreuzung und Selektion für die Zimmerkultur gezüchtet bzw. ausgelesen. Ihre Blüten sind größer und farbenprächtiger, die Blätter haben eine außergewöhnliche Form oder sind kräftiger, um mit den Bedingungen in Innenräumen besser zurechtzukommen.

GESUND MIT ZIMMERPFLANZEN

Es wurde nachgewiesen, dass Zimmerpflanzen einen positiven Einfluss auf Menschen haben. Sie strahlen Ruhe aus, dämpfen Geräusche, steigern die Produktivität und Kreativität. Zudem verbessern Zimmerpflanzen das Raumklima. Sie reinigen die Luft und setzen Sauerstoff frei.

ALOE

ALOKASIE

FÜR JEDEN RAUM

SCHLAFZIMMER

Mit schönen Pflanzen im Schlafzimmer kommen Sie noch besser zur Ruhe. Tagsüber produzieren sie Sauerstoff, allerdings deutlich mehr als sie nachts selbst veratmen. Wegen ihrer luftreinigenden Eigenschaften leisten sie einen positiven Beitrag für Ihre Gesundheit.

WINTERGARTEN ODER ZIMMERGEWÄCHSHAUS

Wenn Sie einen Wintergarten oder einen Anbau mit viel Tageslicht haben, dann ist das der perfekte Platz für Ihre Zimmerpflanzen. Gut ist es vor allem dann, wenn das Licht von oben kommt und es dort im Winter etwas kühler ist. Ein Zimmergewächshaus ist ein guter Ersatz in kleinerem Format für Arten, die hohe Luftfeuchtigkeit brauchen.

BADEZIMMER

Pflanzen machen das Badezimmer zu einer grünen Wohlfühloase. Aufgrund der Wärme und der hohen Luftfeuchtigkeit nach dem Duschen und Baden sind Arten aus dem tropischen Regenwald und Schattenpflanzen wie Farne hier genau richtig. Machen Sie am Fenster ein Plätzchen frei oder hängen Sie eine Zimmerpflanze an die Decke.

FLUR

Viele Zimmerpflanzen fühlen sich im Flur sehr wohl, weil es dort oft kühler ist als im Wohnzimmer. Doch meistens gibt es im Flur weniger Licht, deshalb sind Schattenpflanzen hier die beste Wahl. Wenn das Tageslicht nicht ausreicht, hilft eine Pflanzenlampe.

AUF DEM FENSTERBRETT

Die meisten Zimmerpflanzen benötigen viel Licht und bevorzugen deshalb einen Platz auf dem Fensterbrett oder zumindest nah am Fenster. Im Wohnzimmer oder in der Küche findet sich meistens ein passender Standort mit ausreichend Tageslicht. Schauen Sie auch nach Möglichkeiten für vertikales Grün, wie hängende oder kletternde Pflanzen.

AM ARBEITSPLATZ

Zimmerpflanzen dürfen am Arbeitsplatz, ob zu Hause oder im Büro, nicht fehlen. Sie verbessern die Stimmung und verringern »Büroleiden«, wie irritierte Augen, zu wenig frische Luft und Kopfschmerzen. Laut Untersuchungen der NASA sind die Goldfruchtpalme *(Chrysalidocarpus)*, der Bogenhanf *(Sansevieria)*, die Efeutute *(Epipremnum)* sowie die Gerbera die vier beliebtesten Büropflanzen.

PFLEGE

ERFOLG MIT ZIMMERPFLANZEN

Nur am richtigen Platz und mit entsprechender Pflege werden Zimmerpflanzen gedeihen, denn sie sind nicht nur Dekoration, sondern Lebewesen mit unterschiedlichen Bedürfnissen. Die besten Erfolge erzielen Sie, wenn Sie der Pflanze die Bedingungen bieten, die ihrem natürlichen Lebensraum am ehesten entsprechen. Zu wissen, wo die Pflanze ursprünglich wächst, ist deshalb von großem Vorteil.

Arten aus tropischen Regionen sind an ziemlich gleichmäßige, hohe Temperaturen gewöhnt. Sie gedeihen daher das ganze Jahr wunderbar bei warmer Zimmertemperatur. Subtropische Pflanzenarten wachsen dagegen im Rhythmus der Jahreszeiten. In ihrer sommerlichen Wachstumsphase ist es oft warm und trocken, der kältere Winter dient als Ruhephase. Diese Arten können den Sommer über im Zimmer stehen, wobei sie Terrassen vorziehen. Im Winter benötigen sie einen kühleren Platz. Pflanzen aus Wüsten und Savannen wachsen unter extremen Bedingungen und können oft viel Feuchtigkeit speichern, damit sie gegen die monatelangen Trockenperioden gewappnet sind. Auch sie benötigen im Winter einen kühlen Standort. In unseren gut isolierten Wohnungen ist es das gesamte Jahr hindurch ziemlich warm. Subtropische Pflanzen kommen damit im Winter schwer zurecht. Zu Großmutters Zeiten hatten sie es deutlich besser. Es gab immer ein geeignetes kühles Zimmer und keine trockene Heizungsluft. Zum Glück können sich aber viele Zimmerpflanzen ausgezeichnet an ihre Umgebung anpassen.

DAUERGÄSTE UND SAISONPFLANZEN

Wie glücklich machen Zimmerpflanzen, an denen man viele Jahre Freude hat? Eine große Klivie, die jedes Jahr erneut blüht, eine riesige Palme oder eine große Zimmerlinde, die man selbst gezogen hat. Man möchte sie nicht mehr missen und macht alles, damit die Pflanzen sich rundum wohlfühlen. Die besten Chancen hat man mit kräftigen Arten, wie Dickblatt *(Crassula)*, Zwergpfeffer *(Peperomia)*, Schusterpalme *(Aspidistra)*, Glücksfeder *(Zamioculcas)* und der bereits genannten Klivie. Sie sind wahre Dauergäste. Es gibt aber auch Pflanzen, die sich in der Wohnung nicht lange halten, auch nicht bei perfekter Pflege. Das gilt unter anderem für Topf-Chrysanthemen und Weihnachtssterne, die im Folgejahr kaum zum Blühen anzuregen sind, oder für einjährig kultivierte Zimmerpflanzen, wie das Blauglöckchen *(Browallia)* und das Blaue Lieschen *(Exacum)*. Diese Pflanzen erfreuen uns eine Saison.

GLÜCKSFEDER

STIEFMÜTTERCHEN-ORCHIDEE

DIE RICHTIGE AUSWAHL

DER BESTE STANDORT

Oft schaut man im Gartencenter nur nach dem Äußeren einer Pflanze, doch auch die Anforderungen, die sie an ihre Umgebung stellt, dürfen nicht außer Acht gelassen werden. Sie möchten doch nicht, dass Ihre schöne Neuanschaffung innerhalb kürzester Zeit eingeht? Denken Sie also vorher darüber nach, welche Bedingungen Sie der Pflanze bieten können. Wie sind die Lichtverhältnisse, wie viel Raum hat sie zum Wachsen, steht sie in Heizungsnähe in trockener Luft oder vielleicht doch im feuchten Badezimmer? Möchten Sie eine Blütenpflanze oder eine Grünpflanze?

Eine exotische Kletterpflanze oder einen Kaktus? Erstellen Sie vorher eine Liste mit geeigneten Arten, damit Sie die richtige Auswahl treffen können. Auf dem Etikett finden Sie außerdem die wichtigsten Pflegehinweise. Auch die Zeit, die Sie für die Pflege aufwenden können, ist ein wichtiger Aspekt. Wenn Sie sich nur wenig um Ihre grünen Schützlinge kümmern können, wählen Sie am besten eine unverwüstliche Pflanze, zum Beispiel ein Exemplar aus der Familie der Dickblattgewächse. Gehört Pflanzenpflege jedoch zu Ihren Hobbys, dann halten Sie doch Ausschau nach anspruchsvolleren Zimmerpflanzen.

RUHE ERWÜNSCHT

Zimmerpflanzen aus Gebieten mit klar getrennten Jahreszeiten benötigen eine jährliche Ruhephase, meistens von Oktober bis April. Erhalten sie diese nicht, werden sie schwach und krankheitsanfällig oder bilden keine neuen Blüten aus. Diese Arten brauchen im Winter daher einen kühlen Standort, idealerweise zwischen 5 ° C und 10 ° C, und weniger Wasser. Nach der Ruhephase brauchen sie etwas Zeit, in der sie sich wieder langsam an mehr Wasser und Wärme gewöhnen können. Sollten die Pflanzen eine Ruhephase benötigen, finden Sie diese Information bei den Pflanzenbeschreibungen.

ZIMMERPFLANZEN MIT STIL

Eine schöne Zimmerpflanze im dekorativen Gefäß ist ein echter Blickfang in Ihrem Zuhause. Gehen Sie mit dem Trend oder verwirklichen Sie Ihren eigenen Stil. Sie haben die Wahl, denn glücklicherweise gibt es ein riesengroßes Sortiment an Zimmerpflanzen, daher findet man garantiert die passende Pflanze zu jeder Inneneinrichtung. Und wenn Sie sich dazu noch für Gefäße entscheiden, die mit Ihrem Einrichtungsstil harmonisieren, entsteht in Ihren Wohnräumen ein geschmackvolles harmonisches Ganzes.

II

ZIMMERPFLANZEN IM PORTRÄT

EINFACH GRÜN

GEIGENFEIGE

Blätter gibt es in den verschiedensten Formen, Größen und Grüntönen. Hier haben die schönsten Grünpflanzen ihren großen Auftritt.

Grünpflanzen passen zu jeder Inneneinrichtung. Ihre frischen, grünen Farben kontrastieren wunderbar mit einem weißen Hintergrund, harmonisieren aber auch ausgezeichnet mit dunklen Farben. Grünpflanzen verbessern außerdem das Raumklima: Sie reinigen die Luft, erhöhen die Luftfeuchtigkeit und schaffen ein angenehmes Ambiente. Es wurde sogar nachgewiesen, dass Pflanzen glücklicher und gesünder machen. Das gilt mit Sicherheit auch für Zimmerpflanzen. Verschiedene Grünpflanzen lassen sich wunderbar miteinander kombinieren, wobei die Verschiedenartigkeit ihrer Blätter noch besser zur Geltung kommt, wenn sich Größen und Formen unterscheiden. Setzen Sie Akzente mit Kontrasten, wie zum Beispiel schmalere Blätter neben herzförmigen Blättern oder extra große Blätter neben Minis. Gewellte Blätter heben sich von sehr glatten ab, graugrüne Blätter kontrastieren mit dunkelgrünen. Achten Sie beim Kombinieren auch auf die passenden Gefäße. Sollen die Pflanzen im Mittelpunkt stehen, wählen Sie dezente Übertöpfe oder die gleichen Gefäße für alle Pflanzen.

BIRKENFEIGE

– Ficus benjamina

In den Tropen wächst sie zu einem stattlichen Baum mit schönen, überhängenden Zweigen heran. Sie ist eine robuste Zimmerpflanze und sie wird manchmal auch mit geflochtenem Stamm angeboten.

PFLEGE Warmer Standort. In der Wachstumsperiode alle 14 Tage düngen. Jedes Frühjahr umtopfen. Im Winter nicht unter 16 °C. LICHT Halbschatten. WASSER Mäßig feucht halten.

GLÜCKSKASTANIE, RASIERPINSELBAUM

– Pachira aquatica

Die Blätter der Glückskastanie ähneln denen der Kastanie. Oft ist sie mit geflochtenem Stamm erhältlich. Sie stammt ursprünglich aus Amerika und wächst dort zu einem kräftigen Baum heran.

PFLEGE Mäßig warmer Standort. Sorgen Sie für hohe Luftfeuchtigkeit und stellen Sie die Pflanze im Winter nicht in die Nähe der Heizung. Im Sommer alle 14 Tage düngen. LICHT Sehr hell. WASSER Mäßig feucht halten, zwischen den Wassergaben abtrocknen lassen.

ZIMMERESCHE

– Radermachera sinica

Diese aus China und Taiwan stammende Pflanze hat glänzende, dunkelgrüne Blätter – eine robuste Zimmerpflanze mit kompaktem Wuchs, die auch als Bonsai erhältlich ist.

PFLEGE Mäßig warmer Standort. Alle 14 Tage düngen. Sie mag keinen Platz in Heizungsnähe und keine Zugluft, da es sonst zu Blattfall kommen kann. LICHT Hell, keine direkte Sonne. WASSER Mäßig feucht halten.

HENNE MIT KÜKEN, LEBENDBLATT

– Tolmiea menziesii

Sie hat fein behaarte, hellgrüne Blätter und ist häufig mit bunten Blättern erhältlich. In flachen Pflanzgefäßen kommt sie besonders gut zur Geltung. Diese robuste Pflanze ist einfach zu vermehren, da die Brutpflänzchen mit Wurzeln direkt auf dem Blatt wachsen. Kann im Sommer im Garten oder auf dem Balkon stehen.

PFLEGE In der Wachstumsperiode alle 14 Tage düngen. Benötigt einen kühlen bis mäßig warmen Standort. LICHT Sehr hell, keine pralle Sonne. WASSER Mäßig feucht halten.

KLEINBLÄTTRIGE SCHEFFLERA, STRAHLENARALIE

– Schefflera arboricola

Dekorative Pflanze mit handförmig geteilten Blättern, auch buntblättrige Sorten erhältlich. Benötigt hohe Luftfeuchtigkeit.

PFLEGE Kühler, nicht zu dunkler Standort, da es sonst zu Blattabwurf kommen kann. Das Substrat zwischen den Wassergaben etwas antrocknen lassen. Während der Wachstumsperiode alle 14 Tage düngen. LICHT Halbschatten. WASSER Mäßig feucht halten.

GLÜCKSFEDER

– Zamioculcas zamiifolia

Eine architektonisch auffällig geformte Pflanze mit kräftigen Blattfiedern an dicken Stielen, die anspruchslos in der Pflege ist. Sie benötigt ein stabiles und standfestes Behältnis, da sie ziemlich schwer wird und ihre kräftigen Wurzeln ein Gefäß sogar sprengen können.

PFLEGE Heller Standort bei normaler Zimmertemperatur. Einmal im Monat düngen. LICHT Sehr hell, junge Pflanzen vertragen keine pralle Sonne. WASSER Zwischen den Wassergaben trocken halten, im Winter weniger gießen.

PURPURTUTE

– Syngonium podophyllum

Eine schnell wachsende, anspruchslose Zimmerpflanze mit pfeilförmigen, grünen Blättern, die klettern kann. Häufig gibt es buntblättrige Sorten im Handel. Ältere Pflanzen haben geteilte Blätter.

PFLEGE Im Sommer alle 14 Tage düngen. Verträgt das ganze Jahr Zimmertemperatur, im Winter mag sie es etwas kühler.
LICHT Sehr hell, keine pralle Sonne.
WASSER Mäßig gießen, Substrat zwischen den Wassergaben antrocknen lassen.

NEUKALEDONISCHE STRAHLENARALIE, SCHMALBLÄTTRIGE FINGERARALIE

– *Schefflera elegantissima*

Eine langsam wachsende Zimmerpflanze mit handförmig geteilten, schmalen Blättern, deren Ränder grazil geschlitzt sind. Kann auch als Hochstämmchen kultiviert werden und ist häufig mit dunklen Blättern erhältlich. Sie ist ebenfalls bekannt unter dem früheren Namen: *Dizygotheca.*

PFLEGE Kühler Standort. Benötigt viel Licht und eine hohe Luftfeuchtigkeit. Das Substrat zwischen den Wassergaben etwas antrocknen lassen. Während der Wachstumsperiode alle 14 Tage düngen. Im Winter nicht unter 15 °C. LICHT Sehr hell. WASSER Mäßig feucht halten.

BALSAMAPFEL

– *Clusia major,* syn.: *C. rosea*

Diese robuste, langsam wachsende Pflanze aus Mittelamerika ist ein Neuling unter den Zimmerpflanzen. Sie hat sehr gute luftreinigende Eigenschaften. Abbildung: *Clusia rosea* 'Princess'.

PFLEGE Im Frühjahr und Sommer alle drei Wochen düngen. Warmer Standort (12–20 °C). Benötigt hohe Luftfeuchtigkeit, daher regelmäßig besprühen. LICHT Sehr hell bis halbschattig, keine direkte Sonne. WASSER Stets leicht feucht halten.

UFOPFLANZE, KANONIERBLUME, GLÜCKSTALER

– *Pilea peperomioides*

Eine pflegeleichte Pflanze aus China, die auch in einem Pflanzenterrarium gedeiht. Sie hat fleischige, runde Blätter mit mittigem Stilansatz. Ihre Stecklinge wurzeln unkompliziert in einem Glas mit Wasser.

PFLEGE Warmer Standort, nicht unter 16 °C. Einmal im Monat düngen. LICHT Sehr hell, keine direkte Sonne. WASSER Gleichmäßig feucht halten, im Winter sparsamer gießen.

GEWÖHNLICHE SCHUSTERPALME, METZGERPALME

– Aspidistra elatior

Eine sehr robuste Zimmerpflanze, die mit wenig Licht und auch mit etwas niedrigeren Temperaturen auskommt. Die ideale Zimmerpflanze, wenn Sie keinen grünen Daumen haben und häufig vergessen zu gießen.

PFLEGE Mäßig warmer oder warmer Standort, düngen ist nicht notwendig. LICHT Halbschatten, wenig Licht. WASSER Mäßig feucht halten, Substrat kann zwischen den Wassergaben antrocknen.

DRACHENBAUM, SCHLANGENLILIE

– Dracaena fragrans

Die ziemlich großen, glänzenden Blätter bilden auf dem dicken Stamm einen dichten Blattschopf. Wird auch mehrstämmig kultiviert. Sehr robust und ist auch mit wenig Licht zufrieden. Buntblättrige Sorten benötigen einen helleren Platz.

PFLEGE Im Sommer alle 14 Tage düngen. Warmer Standort, im Winter nicht unter 13 °C. LICHT Halbschatten, wenig Licht. WASSER Mäßig feucht halten, im Winter so oft wie möglich besprühen.

ZYLINDER-BOGENHANF

– Sansevieria cylindrica

Eine architektonische Pflanze mit röhrenförmigen Blättern, die in einer scharfen Spitze enden. Unverwüstlich. Sie toleriert auch trockene, warme Heizungsluft.

PFLEGE Warmer Standort, nicht unter 14 °C. Nur düngen, wenn die Pflanze schneller wachsen soll. Zu groß gewordene Exemplare lassen sich einfach teilen und einpflanzen. LICHT Sehr hell, keine pralle Sonne. WASSER Sparsam gießen, Substrat zwischen den Wassergaben antrocknen lassen.

PHILODENDRON, BAUMFREUND

– *Philodendron* 'Atom'

Eine anspruchslose Pflanze mit guten luftreinigenden Eigenschaften. Die kompakt wachsende Zwergform 'Atom' (Abbildung) hat tief geschlitzte, glänzende Blätter. Heimisch ist sie in tropischen Mangrovenwäldern. Ihre Wurzeln können auch in Wasser wachsen.

PFLEGE Wächst gut bei warmer Zimmertemperatur, alle zwei Wochen düngen (halbe Dosierung bei Hydrokultur). Im Winter Blätter besprühen, nicht düngen. LICHT Sehr hell oder halbschattig, keine pralle Sonne. WASSER Mäßig feucht halten.

KAFFEESTRAUCH

– *Coffea arabica*

Der echte Kaffeestrauch mit glänzenden, dunkelgrünen Blättern, die leicht gewellt sind. Nur ältere Pflanzen blühen. Sie bilden daraufhin Früchte mit je zwei Kaffeebohnen. Auch als Kübelpflanze oder für das Pflanzenterrarium geeignet.

PFLEGE Mäßig warmer bis warmer Standort. In der Wachstumsperiode alle 14 Tage düngen. Kühl überwintern, nicht unter 15 °C. LICHT Sehr hell, keine pralle Sonne. WASSER Mäßig feucht halten, im Winter oft besprühen.

ELEFANTENFUSS, FLASCHENBAUM

– Beaucarnea recurvata

Der Stamm der Pflanze ist an der Basis stark verdickt und fungiert als Wasserspeicher. Sie kommt daher gut ein Weilchen ohne Wasser aus und ist recht anspruchslos.

PFLEGE Diese Pflanze verträgt keine Staunässe. Im Winter bevorzugt sie einen trockenen, kühlen Standort bei etwa 10 °C. LICHT Direkte Sonne. WASSER Trockener halten. Erst gießen, wenn das Substrat angetrocknet ist.

ZIERSEGGE

– *Carex brunnea* 'Variegata'

Seggen sind beliebte Gartenpflanzen. Diese Sorte ist nicht winterhart und ist auch für die Zimmerkultur geeignet und einfach zu kultivieren. Das Substrat darf nie austrocknen. Auf der Abbildung zusammen mit einem Geweihfarn.

PFLEGE Kühler bis mäßig warmer Standort, im Winter Temperatur weiter reduzieren. In der Wachstumsperiode einmal im Monat düngen. LICHT Sehr hell, sonnig. WASSER Gleichmäßig feucht halten.

ZYPERGRAS
– *Cyperus alternifolius*

Die natürliche Umgebung der Pflanze sind Sumpfgebiete. Sie ist recht anspruchslos, solange es ihre Füße ausreichend nass haben. Unkompliziert zu vermehren, indem ein Blattschopf mit Stiel abgeschnitten und kopfüber in Wasser gesetzt wird. *Cyperus haspan* ist eine kleinwüchsige Art.

PFLEGE Mäßig warmer Standort, im Winter nicht unter 12 °C. In der Wachstumsperiode alle 14 Tage düngen. **LICHT** Sehr hell, keine direkte Sonne. **WASSER** Gleichmäßig feucht halten, der Wurzelballen darf niemals austrocken.

PFEFFERMINZGERANIE
– *Pelargonium tomentosum*

Eine robuste Pflanze mit samtig behaarten Blättern und kleinen, weißen Blüten. Zerreiben Sie ein Blatt zwischen den Fingern und genießen Sie den Pfefferminzduft. Kann im Sommer auch im Freien stehen. Unkompliziert zu vermehren.

PFLEGE Mäßig warmer Standort, im Winter zwischen 10–15 °C. In der Wachstumsperiode alle 14 Tage düngen. Ein regelmäßiger Rückschnitt hält den Wuchs kompakt, die Blätter eignen sich hervorragend für Tee. **LICHT** Sonne bis Halbschatten. **WASSER** Im Sommer mäßig feucht halten, im Winter trockener.

KATZENGRAS
– *Cyperus alternifolius* 'Zumula'

Eine kleinwüchsige Sorte des bekannten Zypergrases mit dekorativen, feinen Blättern, heimisch in den Sumpfgebieten Afrikas. Katzen lieben die weichen Blätter, sie können diese gefahrlos fressen und dadurch Haarballen leichter auswürgen.

PFLEGE Mäßig warmer Standort, im Winter sollte es nicht unter 12 °C stehen. In der Wachstumsperiode wöchentlich düngen. **LICHT** Sehr hell, keine direkte Sonne. **WASSER** Gleichmäßig feucht halten, der Wurzelballen darf nie austrocknen.

IM BADEZIMMER

Das Badezimmer bietet tropischen Pflanzen perfekte Bedingungen, denn sie lieben Wärme und eine hohe Luftfeuchtigkeit. Eine eindrucksvolle Solitärpflanze, ein Pflanzenmix in einem Gefäß oder ein Arrangement kleiner Pflanzen machen aus Ihrem Badezimmer eine grüne Wellnessoase.

ORCHIDEEN

VUYLSTEKEARA-ORCHIDEE

Die Orchideenfamilie gehört zu den größten Pflanzenfamilien der Welt. In unseren Räumen werden vorwiegend tropische Arten kultiviert. Wegen ihrer bezaubernden Blüten sind sie die beliebtesten Zimmerpflanzen.

Die Familie der Orchideen bietet ein extra großes Spektrum, was Form, Größe und Farbe der Blüten anbelangt. Ihre eleganten Blüten sind in der Regel symmetrisch und bestehen aus drei Kelch- und drei Kronblättern. Das unterste Kronblatt nennt man »Lippe«. Es gibt Arten, die im Erdreich wachsen, doch die meisten Orchideen halten sich mit ihren Wurzeln an Bäumen oder Felsen fest. Oft bilden sie graugrüne Luftwurzeln und lieben deshalb Standorte mit einer hohen Luftfeuchtigkeit. Pflanzen Sie die Orchidee zum Beispiel in ein Lattenkörbchen und verwenden Sie spezielles Orchideensubstrat oder ein Gemisch aus Baumrinde und Moos. Wenn das Gefäß zu klein für die Wurzeln geworden ist, wird die Orchidee vorsichtig nach der Blüte umgetopft. Gönnen Sie ihren Wurzeln einmal in der Woche ein Tauchbad, am besten morgens mit zimmerwarmem Regenwasser. Lassen Sie sie anschließend gut abtropfen und gießen Sie überschüssiges Wasser ab. Im Frühjahr und Sommer freuen sich die Pflanzen, wenn Sie Orchideendünger mit ins Tauchwasser geben. Sie können auch Blattdünger verwenden, der auf die Blätter gesprüht wird.

CYMBIDIE
– Cymbidium

Sie wächst unter anderem in kühleren Gebieten des Himalaya und ist gut an ihren langen, schwertförmigen Blättern zu erkennen. Im Handel werden auch *C.* Miniatur-Hybriden angeboten. Sie kann im Sommer im Freien stehen. Bildet Pseudobulben.

PFLEGE Mäßig warmer bis warmer Standort (20–28 °C), nur einmal im Monat mit geringer Dosierung düngen. Standort im Winter nachts bei 15 °C und tagsüber bei etwa 20 °C. Neue Blütenknospen besprühen und erst nach Öffnung der Blüten an einen wärmeren Platz stellen. LICHT Sehr hell, keine direkte Sonne. WASSER Im Sommer wöchentlich tauchen, in der Ruhephase trocken halten.

DENDROBIE
– Dendrobium

Ziemlich kleine Blüten in vielen verschiedenen Farben. Es gibt unter anderem *D.*-Phalaenopsis-Hybriden, die am Ende der Triebe Blüten ansetzen und *D.*-Nobile-Hybriden, die direkt am Stamm blühen. Manche von ihnen verströmen einen wunderbaren Duft. Sie kann im Sommer auch im Freien stehen. Diese Orchidee bildet lange Pseudobulben.

PFLEGE Im Sommer alle 14 Tage düngen, im Winter keine Düngergaben. *D.*-Phalaenopsis-Hybriden: ganzjährig warmer Standort. *D.*-Nobile-Hybriden: warmer Standort, im Winter kühl und trockener, erst gießen, wenn Blütenknospen sichtbar sind.
LICHT Sehr hell, keine direkte Sonne.
WASSER Im Sommer wöchentlich tauchen.

NACH DER BLÜTE

Werfen Sie eine Orchidee nach ihrer Blütezeit nicht weg. Es macht viel Freude, wenn es gelingt, die Pflanze zur erneuten Knospenbildung anzuregen. Bei der *Phalaenopsis* schneiden Sie die abgeblühten Rispen oberhalb der dritten Verdickung (Auge) ab, bei allen anderen Arten entfernen Sie die Blütenschäfte an der Basis.
Alle Orchideen, die Pseudobulben (= Scheinzwiebel = verdickter Teil der Sprossachse zur Nährstoff- und Wasserspeicherung) entwickeln, benötigen in der Regel nach der Blüte im Winter eine trockene und kühle Ruhephase von acht bis zwölf Wochen. Bei Neuaustrieb stellen Sie die Pflanze wieder an einen wärmeren Standort.

FALTERORCHIDEE, SCHMETTERLINGS-ORCHIDEE

– *Phalaenopsis*

Dies ist die bekannteste und robusteste Orchidee, erhältlich in vielen Farben und Größen. Sie hat breite, ledrige Blätter und kann Monate ununterbrochen blühen, manchmal mehrmals im Jahr. Sie bildet keine Pseudobulben.

PFLEGE Mäßig warmer bis warmer Standort, 20– 23 °C, Zugluft vermeiden. Von März bis Oktober alle 14 Tage düngen. Im Winter 12–15 °C und trockener halten. Sie benötigt eine hohe Luftfeuchtigkeit, regelmäßig besprühen. LICHT Sehr hell, keine direkte Sonne. WASSER Im Sommer wöchentlich tauchen, Staunässe vermeiden.

ONCIDIE

– *Oncidium*

Anmutige Schönheit mit Vanilleduft, die lange, verzweigte Rispen voller kleiner, gelber Blüten mit rötlich-braunen Punkten bildet. Auch mit dunkelroten Blüten erhältlich. Sie kann im Sommer im Freien stehen. Bildet Pseudobulben.

PFLEGE Mäßig warmer bis warmer Standort, 18–20 °C, im Winter kühler bei 12–15 °C und trockener halten. Im Sommer alle 14 Tage düngen. Regelmäßig besprühen. LICHT Sehr hell, keine direkte Sonne. WASSER Im Sommer wöchentlich tauchen, in der Ruhephase trockener halten.

CATTLEYA
– Cattleya

Große, prächtige Blüten in fast allen Farben, manchmal duftend. Aus den Pseudobulben wachsen ein oder zwei dicke Blätter. Sie wird auch die Königin der Orchideen genannt.

PFLEGE Warmer Standort, 20–26 °C. In der Wachstumsperiode alle 14 Tage düngen. Benötigt eine hohe Luftfeuchtigkeit, regelmäßig besprühen. Nach der Bildung neuer Pseudobulben einige Wochen kühl und trocken halten. Sie bildet viele Wurzeln, die jedoch nicht abgeschnitten werden. LICHT Sehr hell, keine direkte Sonne. WASSER Im Sommer wöchentlich tauchen, im Winter trockener halten.

STIEFMÜTTERCHEN-ORCHIDEE, MILTONIE
– Miltonia

Große, farbenprächtige Blüten, die an Stiefmütterchen erinnern, vor allem die roten Sorten duften. Flache Pseudobulben, die ein oder zwei Blätter entwickeln. Eine etwas anspruchsvollere Orchidee.

PFLEGE Ganzjährig warm kultivieren, 15–27 °C. Im Sommer alle 14 Tage düngen, im Winter nur alle zwei Monate. Sie benötigt eine sehr hohe Luftfeuchtigkeit. Regelmäßig besprühen und auf eine Schale mit Blähtonkugeln stellen. LICHT Sehr hell, keine direkte Sonne. WASSER Wöchentlich tauchen, gleichmäßig feucht halten.

VENUSSCHUH
– Paphiopedilum

Besondere Orchideen mit namensgebender Blütenform und grundständigen Blattpaaren. Meistens eine Blüte pro Blütenschaft. Die schuhförmige Lippe lockt mit ihrem Nektar Insekten an, die so die Pflanze bestäuben. Bildet keine Pseudobulben.

PFLEGE Sorten mit grünen Blättern nur an kühlere Plätze stellen, Sorten mit gesprenkelten Blättern bevorzugen es warm. Im Winter mögen es beide Sorten kühler. Sie benötigen eine hohe Luftfeuchtigkeit, oft besprühen. Einmal im Monat düngen, außer von November bis Februar.
LICHT Halbschatten, keine direkte Sonne.
WASSER Stets gleichmäßig feucht halten, weiches (Regen-)Wasser verwenden.

ODONTOGLOSSUM-ORCHIDEE
– Odontoglossum

Die langen Blütenschäfte tragen kleine Blüten, die prächtige, dunkle Flecken haben. Sie entwickelt dicht beieinanderstehende Pseudobulben und lange schmale Blätter. Gut zu kultivieren, mag es aber nicht zu warm.

PFLEGE Ziemlich kühl bis mäßig warm, 15–21 °C. Im Sommer alle 14 Tage düngen, in der Ruhephase keinen Dünger. Sie benötigen hohe Luftfeuchtigkeit, häufig besprühen. Nach der Blüte im Winter kühler und trockener halten sowie an sehr hellen Platz stellen. Im Frühjahr wieder zum Austrieb anregen.
LICHT Sehr hell bis halbschattig, keine direkte Sonne. WASSER Reichlich gießen, einmal bis zweimal pro Woche tauchen.

VUYLSTEKEARA-ORCHIDEE
– Vuylstekeara

Auffallende, schön gezeichnete Blüten, die in vielen Farben erhältlich sind. Diese blühfreudigen Zierpflanzen sind Kreuzungen verschiedener Gattungen und relativ einfach zu kultivieren. Sie sind oft unter dem Namen 'Cambria' geführt. Bildet Pseudobulben.

PFLEGE Mäßig warm kultivieren, 16–25 °C. Alle drei Wochen düngen (halbe Dosierung). Im Winter kühler stellen und ziemlich trocken halten. Wenn neue Blütenschäfte sichtbar werden, wieder häufiger gießen.
LICHT Sehr hell bis halbschattig, keine direkte Sonne. WASSER In der Wachstumsperiode häufig gießen, einmal bis zweimal pro Woche tauchen.

STACHELIGE
SCHÖNHEITEN
POLASKIA

Kakteen überleben unter extremen, oft staubtrockenen Bedingungen und fühlen sich deshalb in unseren beheizten Wohnungen so richtig wohl. Die ideale Pflanze für alle, die häufig vergessen zu gießen.

Kakteen sind Dickblattgewächse (Sukkulenten), die Feuchtigkeit in ihrem Gewebe speichern. Auf diese Weise können sie in extrem trockenen Gebieten überleben, wie beispielsweise in kargen Ebenen und Wüstenregionen. Die Blattoberfläche hat eine Wachsschicht mit kleinen Porenöffnungen, die geschlossen werden können, oder Härchen, die vor Verdunstung schützen. Diese robusten Pflanzen sind deshalb perfekt für die warme, trockene Zimmerkultur.

Kakteen unterscheiden sich von anderen Sukkulenten durch ihre kleinen Polster (Areolen), aus denen Dornen wachsen. Diese Areolen sitzen oft auf Rippen und Warzen, die für eine schöne, regelmäßige Struktur sorgen. Es gibt Kakteen mit dünnen Blättern voller Dornen, Gliederkakteen mit flachen, feuchtigkeitsspeichernden, blattartigen Sprossen, scheibenförmige Kakteen mit fleischigen, runden, flachen Gliedern, Säulenkakteen und Kugelkakteen. Sie haben oft ein verblüffendes Aussehen entwickelt, um sich den extremen klimatischen Gegebenheiten anzupassen.

SÄULENKAKTUS

– Cereus peruvianus

Dieser säulenförmige Kaktus hat deutlich ausgeprägte Rippen, auf denen viele feine Dornen sitzen. Er wächst meistens unverzweigt in die Höhe. Nach der Ruhephase bildet er manchmal große, weiße Blüten aus, die sich nur nachts öffnen.

PFLEGE Im Winter kühl und trocken halten, danach an wärmeren Platz stellen und Kakteendünger geben. Kakteensubstrat. **LICHT** Direkte Sonne. **WASSER** Mäßig gießen, im Winter trocken halten.

CLEISTOCACTUS, SILBERKERZENKAKTUS

– Cleistocactus brookeae

Ein schnell wachsender säulenförmiger Kaktus aus Bolivien, der dicht mit feinen, weißen Dornen besetzt ist. Wächst zu Beginn mehr oder weniger aufrecht und bildet später auch niederliegende Triebe. Ältere Exemplare tragen orangefarbene Blüten.

PFLEGE Im Sommer sonniger Platz und einmal im Monat Kakteendünger geben. Im Winter kühl und trocken halten. Kakteensubstrat. **LICHT** Direkte Sonne. **WASSER** Mäßig gießen, im Winter sehr sparsam.

FEROCACTUS, FASSKAKTUS

– Ferocactus cylindraceus

Diese kompakt wachsenden Kakteen haben sehr kräftige, oft rötliche Dornen. In Mexico und im Süden der USA erreichen sie mehrere Meter Wuchshöhe, als Zimmerpflanze bleiben sie ziemlich klein und kugelförmig.

PFLEGE Im Sommer sonniger und warmer Standort, im Winter kühler stellen. Einmal im Monat etwas Kakteendünger geben. Kakteensubstrat. **LICHT** Direkte Sonne. **WASSER** Sehr sparsam gießen, fast trocken überwintern.

GOLDKUGELKAKTUS, SCHWIEGERMUTTERSTUHL

– Echinocactus grusonii

Ein langsam wachsender, kugelrunder Kaktus mit regelmäßig sitzenden, scharfen Dornen. Ältere Exemplare können die Form eines XXL-Bodenkissens erreichen. Der umgangssprachliche Name »Schwiegermutterstuhl« spricht hier für sich.

PFLEGE Ein pflegeleichter Kaktus, der im Sommer Wärme und Sonne benötigt. Einmal im Monat Kakteendünger geben. Im Winter am besten an kühleren Platz stellen (12–15 °C). Kakteensubstrat. LICHT Direkte Sonne, im Frühjahr etwas abgeschattet. WASSER Im Sommer gleichmäßig feucht, im Winter trocken halten.

GYMNOCALYCIUM

– Gymnocalycium mihanovichii

Ein kugelförmiger Kaktus, von dem es rote, gelbe, orangefarbene oder auch rosarote Varietäten gibt. Da sie kein Chlorophyll haben und darum nicht selbstständig wachsen können, werden sie auf einen grünen Kaktus gepfropft, der die Nährstoffe liefert.

PFLEGE Heller Standort, aber im Sommer pralle Sonne abschatten. Im Winter kühler halten und selten gießen. Kakteensubstrat. LICHT Sehr hell, keine direkte Sonne. WASSER Sehr sparsam gießen.

WOLLKAKTUS, HAARKERZENKAKTUS

– Espostoa lanata

Ein mit seidigen, weißen »Haaren« umhüllter, säulenförmiger Kaktus, den man besser nicht streichelt. Meist werden mehrere kleine Säulensprossen von verschiedener Länge in ein Gefäß gepflanzt. Kakteensubstrat.

PFLEGE Heller, eventuell sonniger Standort. Im Winter an kühleren Platz stellen, fast trocken halten. LICHT Sehr hell. WASSER Sehr sparsam gießen.

WARZENKAKTUS

– Mammillaria

Kugelförmige bis ovale Kakteen, die mühelos und ziemlich schnell wachsen. Sie haben ein dichtes Dornenkleid und bilden oft rosarote, weiße oder hellgelbe Blüten, die kranzförmig auf den kugeligen Sprossen wachsen. Abbildung: *M. backebergiana* ssp. *ernestii.*

PFLEGE Warmer Standort, im Sommer einmal im Monat Kakteendünger geben. Im Winter kühler Platz bei 0–5 °C. Kakteensubstrat. LICHT Direkte Sonne. WASSER Sehr sparsam gießen, im Winter fast trocken halten.

KAKTUS-WOLFSMILCH

– Euphorbia ingens

Diese aus Afrika stammende Euphorbie ist botanisch gesehen kein Kaktus, hat aber große Ähnlichkeit mit Kakteen, auch ähnliche Pflegeansprüche. Sie ist eine anspruchslose Sukkulente, die wenig Pflege benötigt. Ein besonderer Blickfänger für die moderne Innenraum gestaltung. Kakteensubstrat.

PFLEGE Warmer und heller Standort. Im Winter kühlerer Standort (nicht unter 12 °C) und sehr sparsam gießen. LICHT Sonnig, sehr hell. WASSER Alle 14 Tage mit Regenwasser gießen.

WEIHNACHTSKAKTUS
– Schlumbergera

Ein Gliederkaktus, der in der Weihnachtszeit blüht. Die fleischigen, flachen Blattglieder wachsen überhängend. An ihrem Ende sitzen farbenfrohe Blüten. Kann im Sommer im Freien stehen.

PFLEGE Der Weihnachtskaktus bevorzugt einen warmen Platz. Im August trocken und kühl halten (12 °C). Ab September wärmerer Standort bei 20 °C. Wenn Blütenknospen austreiben, wieder etwas mehr gießen. Ruhephase nach der Blüte, Umtopfen im März/April und bis August alle 14 Tage Kakteendünger geben. LICHT Halbschatten. WASSER Mäßig feucht halten, weiches Wasser.

POLASKIE
– Polaskia chichipe

Ein Kaktus wie aus dem Bilderbuch. Mit dicken »Stämmen«, an denen regelmäßig ein gebogener Seitentrieb wächst. Blaugrüne Farbe, später eher graugrün, auf den Rippen kurze Dornen, die rosettenförmig angeordnet sind. Große Exemplare sind imposante Blickfänger.

PFLEGE Warmer Standort, im Sommer einmal im Monat Kakteendünger geben. Im Winter kühler Platz bei ungefähr 10 °C. Kakteensubstrat. LICHT Direkte Sonne. WASSER Sehr sparsam gießen, im Winter fast trocken.

LUFTREINIGER

Zimmerpflanzen sorgen nicht nur für ein schönes Ambiente, sondern auch für ein gesundes und angenehmes Raumklima. Alle Pflanzen produzieren Sauerstoff und erhöhen die Luftfeuchtigkeit. Außerdem nehmen ihre Blätter Schadstoffe auf und reinigen so die Luft. Für einen Raum von 30 m² braucht man acht kleine oder zwei große Pflanzen (Gefäßdurchmesser mindestens 24 cm).

CREATIVE
walls
GERALDINE JAM
etcetera etc.
Sibella
BAZAARSTIJL
Selina Lake en Joanna Simmons

ZIMMERPALMEN

KANARISCHE DATTELPALME

Wenn Sie einen unverwechselbaren, grünen Blickfang für Ihre Wohnung möchten, ist eine Palme genau die richtige Pflanze.

Palmen bringen tropisches Urlaubsgefühl direkt zu Ihnen nach Hause. Sie beeindrucken mit einem außergewöhnlichen, unverzweigten Stamm und meist großen Wedeln, die aus gefiederten oder gefächerten Blättern bestehen. Junge Palmen eignen sich sehr gut für die Zimmerkultur. Für Liebhaber gibt es viele schöne Zimmerpalmen, wie beispielsweise die Geleepalme *(Butia)* und die Bismarckpalme *(Bismarckia)*. Palmfarne sind eine weitere dekorative Option. Diese außergewöhnlichen Pflanzen gibt es schon seit 200 Millionen Jahren auf unserer Erde. Sie ähneln Palmen, haben viele Gemeinsamkeiten mit Farnen und bilden doch eine eigene Pflanzengruppe.

Palmen bilden tiefe Wurzeln und benötigen deshalb ein entsprechend hohes Gefäß. Verwenden Sie Palmenerde oder spezielles Substrat für mediterrane Pflanzen. Sie mögen sehr helle Standorte ohne direkte Sonne und sind recht robust, tolerieren aber keine trockene Luft. Im Sommer können sie auch ins Freie auf eine absonnige Terrasse gestellt werden.

PALMFARN, JAPANISCHER SAGOPALMFARN

– Cycas revoluta

Ein Palmfarn mit kräftigem Stamm und feinen, farnähnlichen Blättern. Er wächst nur sehr langsam, kann aber über die Jahre eine stattliche Größe erreichen.

PFLEGE Benötigt im Sommer einen hellen, sonnigen Platz. In der Wachstumsperiode alle 14 Tage düngen, im Winter kühl stellen und trocken halten. LICHT Sehr hell, pralle Sonne abschatten. WASSER Mäßig feucht halten, das Substrat zwischen den Wassergaben antrocknen lassen, im Winter trocken halten.

SCHIRMPALME, LIVINGSTON-PALME

– *Livistona rotundifolia*, syn.: *Saribus rotundifolius*

Eine dekorative Palme mit fächerförmigen Blättern und leicht bedornten Stielen. Die Pflanze hat eine luftreinigende Wirkung, benötigt nicht viel Pflege und ist darum bestens für das Büro oder Badezimmer geeignet.

PFLEGE Mäßig warmer und heller Standort. Im Sommer alle 14 Tage düngen. Im Winter kühler stellen und trockener halten. LICHT Sehr hell, keine direkte Sonne. WASSER Mäßig feucht halten, das Substrat zwischen den Wassergaben antrocknen lassen.

BERGPALME, MEXIKANISCHE BERGPALME

– Chamaedorea elegans

Eine klein bleibende, charmante Palme, die bereits als junge Pflanze gelbe, kugelförmige Blüten an dünnen Rispen ausbildet. Sie reinigt die Luft, erhöht die Luftfeuchtigkeit und kommt auch mit trockener Luft ziemlich gut zurecht.

PFLEGE Mäßig warmer Standort, im Winter kühlerer Standort (nicht unter 12 °C). In der Wachstumsperiode alle 14 Tage düngen. Regelmäßig besprühen, braune Blätter entfernen. LICHT Sehr hell, keine direkte Sonne. WASSER Gleichmäßig feucht halten, im Winter etwas weniger gießen.

GOLDFRUCHTPALME

– Dypsis lutescens, syn.: *Chrysalidocarpus lutescens*

Diese aus Madagaskar stammende, langblättrige Palme wächst schnell und ist recht anspruchslos. Sie hat sehr gute luftreinigende Eigenschaften. Sie ist auch unter dem Namen *Areca-Palme* bekannt.

PFLEGE Mäßig warmer bis warmer Standort. Im Winter an einen kühleren Platz stellen (nicht unter 12 °C). In der Wachstumsperiode einmal im Monat düngen. Regelmäßig besprühen, braune Blätter entfernen.
LICHT Sehr hell, keine direkte Sonne.
WASSER Gleichmäßig feucht halten, im Winter sparsamer gießen.

KENTIAPALME

– Howea forsteriana

Eine robuste und schnell wachsende Palme mit zierlichen, leicht überhängenden Blättern, die gut im Wohnzimmer oder Büro gedeiht. Sie hat sehr gute luftreinigende Eigenschaften.

PFLEGE Warmer Standort, im Winter kühler (nicht unter 10 °C). In der Wachstumsperiode alle 14 Tage düngen. Die Pflanze kann zwischen den Wassergaben einige Tage trocken stehen. Regelmäßig besprühen. LICHT Hell bis halbschattig, keine direkte Sonne. WASSER Gleichmäßig leicht feucht halten, Staunässe vermeiden, im Sommer tauchen.

KANARISCHE DATTELPALME, PHÖNIXPALME

– Phoenix canariensis

Eine Palme mit festen, harten Blättern, die eine mediterrane Atmosphäre schafft. Gut als Zimmerpflanze sowie als Kübelpflanze für die Terrasse geeignet. Verträgt direkte Sonne.

PFLEGE Das Substrat darf nicht austrocknen. In der Wachstumsperiode alle 14 Tage düngen. Im Winter kühl und trocken halten. Regelmäßig besprühen. LICHT Sehr hell, sonnig. WASSER Gleichmäßig leicht feucht halten, Staunässe vermeiden, im Sommer tauchen.

HANFPALME, CHINESISCHE HANFPALME

– Trachycarpus fortunei

Palme mit fächerförmigen Blättern. Ältere Exemplare haben einen auffälligen Stamm. Diese Palmenart ist recht frostbeständig und kann deshalb in Regionen mit Weinbauklima sogar ins Freie gepflanzt werden. Manchmal bildet sie gelbe Blüten aus.

PFLEGE Gleichmäßig feucht halten. Im Frühling und Sommer alle 14 Tage düngen. Im Winter kühl und trocken halten. Regelmäßig besprühen. LICHT Sehr hell, sonnig. WASSER Gleichmäßig leicht feucht halten, Staunässe vermeiden.

STECKENPALME, RUTENPALME

– Rhapis excelsa

Diese Palme ähnelt ein wenig dem Bambus. Ihre kurzen Blätter sitzen an kräftigen, braunen Blattstielen. Sie hat sehr gute luftreinigende Eigenschaften und ist auch mit wenig Licht zufrieden.

PFLEGE Ziemlich kühler Standort, im Winter nicht unter 5 °C. Im Sommer alle 14 Tage düngen. Regelmäßig besprühen. LICHT Halbschatten bis Schatten. WASSER Mäßig feucht, im Winter trockener halten.

FISCHSCHWANZPALME

– Caryota mitis

Die *Caryota* unterscheidet sich äußerlich von anderen Palmen, denn ihre dreieckigen, keilförmigen Blätter ähneln einer Schwanzflosse. Sie ist im Sommer nicht für die Terrasse geeignet.

PFLEGE Warmer Standort, im Winter nicht unter 16 °C. Im Sommer alle 14 Tage düngen. Regelmäßig besprühen. LICHT Halbschatten bis Schatten. WASSER Stets leicht feucht halten, Staunässe vermeiden, im Sommer tauchen.

EXTRA LARGE

CHINESISCHER ROSENEIBISCH

Wenn Sie einen großen, hellen Raum zur Verfügung haben, ist eine Zimmerpflanze in Größe XL die richtige Wahl. Hohe Pflanzen mit langen Stielen, supergroßen Blüten und stattlichen Blättern sind reine Prunkstücke für Ihre Wohnung.

Zimmerpflanzen mit großen Blüten, imposanten Blättern oder von hohem Wuchs sind als Blickfänger in der Innenraumgestaltung sehr beliebt. Wenn Sie einen geeigneten Raum haben, zum Beispiel eine Galeriewohnung, kann eine Zimmerpflanze auch schon einmal 4 m oder höher werden. Kaufen Sie direkt ein großes Exemplar oder versorgen Sie Ihre Pflanze mit allem, was sie braucht, damit sie schnell an Größe gewinnt. An die Zimmerdecke sollte sie allerdings nicht anstoßen. Auch wenn das Fenster nur um einiges niedriger als die Zimmerdecke ist, kann das für die Pflanze zu einem Problem werden, da sie nicht ausreichend Licht von oben bekommt. Eine Pflanzenlampe kann in diesem Fall gute Dienste leisten. Eine große Pflanze von kräftigem Umfang ist oft robuster als ein kleines Exemplar, ein großes Gefäß trocknet langsamer aus als ein kleines Gefäß. XL-Pflanzen sind deshalb ideal fürs Büro oder auch für Räume, in denen Sie sich nicht täglich um die Pflanzen kümmern können.

SAFRANWURZ

– Curcuma alismatifolia

Der auffällige Blütenstand besteht aus rosafarbenen oder weißen Hochblättern, zwischen denen kleine, nach Karamell duftende Blüten sitzen. Ihre Blätter sind lang und lanzettlich. Sie gehört wie die Indische Gelbwurz (Kurkuma) zur Familie der Ingwergewächse. Sie kann im Sommer an einem warmen Platz im Freien stehen.

PFLEGE Warmer Standort. Im Winter kühl und trocken halten, die Pflanze zieht ihre oberirdischen Teile in der Ruhephase ein. Im Februar den knollenförmigen Wurzelstock umtopfen und wieder zum Austrieb anregen. In der Wachstumsperiode alle 14 Tage düngen. Welke Blüten ausputzen. **LICHT** Direkte Sonne oder sehr hell. **WASSER** Reichlich gießen, gleichmäßig feucht halten.

RUHMESKRONE

– Gloriosa rothschildiana,
syn.: *Gloriosa superba*

Ein Knollengewächs mit großen, zierlichen Blüten in flammendem Rosarot. Die zurückgeschlagenen, gewellten Blütenblätter haben einen gelben Rand. Sie ist eine Kletterpflanze und benötigt eine Rankhilfe. Am richtigen Platz kann sie eine Wuchshöhe von bis zu 2 m erreichen.

PFLEGE Warmer Standort nicht unter 18 °C. Sie benötigt eine hohe Luftfeuchtigkeit. Von März bis August alle 14 Tage düngen. Im Herbst zieht die Pflanze ein. Die Knolle kühl (10–12 °C) und ziemlich trocken überwintern und im März in frisches Substrat pflanzen. **LICHT** Direkte Sonne. **WASSER** Mäßig feucht halten, vorzugsweise Regenwasser verwenden.

HORTENSIE

– Hydrangea macrophylla

Prächtige Blütenstände mit vielen kleinen Blüten. Erhältlich in verschiedenen Farben, auch in Himmelblau. Die Hortensie ist vor allem als Gartenpflanze bekannt. Ihre verwandte Zimmerpflanze kann nach der Blüte ab Mitte Mai ausgepflanzt werden.

PFLEGE Sie bevorzugt einen kühlen Standort. Im Frühjahr alle 14 Tage düngen (halbe Dosierung). Hortensiensubstrat. **LICHT** Sehr hell oder halbschattig. **WASSER** Reichlich gießen, am besten mit Regenwasser.

CHINESISCHER ROSENEIBISCH

– Hibiscus rosa-sinensis

Prächtige, große Blüten in den unterschiedlichsten Farben, manchmal zweifarbig mit dunklem Schlund. Die Blüten können einen Durchmesser von 8 cm erreichen, die Staubblätter zeigen weit nach außen. Steht im Sommer auch gern im Freien.

PFLEGE Mäßig warmer Standort. In der Wachstumsperiode wöchentlich düngen. Eine Pflanze mit bereits ausgebildeten Blütenknospen nicht neu ausrichten, die Blüten können sonst abfallen. Kühl überwintern bei 12 °C, im Frühjahr etwas zurückschneiden. LICHT Sehr hell, keine direkte Sonne. WASSER Stets mäßig feucht halten.

GLOXINIE

– Sinningia speciosa

Ihre leuchtenden Blüten können bis zu 7 cm lang werden, die Blütenherzen sind hübsch gesprenkelt. Bei guter Pflege bildet sie jedes Jahr neue Blüten aus.

PFLEGE Warmer Standort, nicht unter 18 °C. In der Wachstumsperiode wöchentlich düngen (halbe Dosierung). Benötigt hohe Luftfeuchtigkeit. Ab und zu tauchen. Im September sparsam gießen, bis die Pflanze einzieht. Die Knollen trocken und kühl aufbewahren (15 °C) und im Frühjahr umtopfen. LICHT Sehr hell, keine direkte Sonne. WASSER Reichlich gießen, vorzugsweise mit Regenwasser.

GERBERA

– Gerbera

Die Gerbera ist eine beliebte Schnittblume. Kurzstielige Sorten sind auch für die Zimmerkultur geeignet. Ihre farbenfrohen Blüten werden bis zu 15 cm groß und sind manchmal zweifarbig. Die Mitte des Blütenkörbchens ähnelt einem Auge.

PFLEGE Mäßig warmer Standort, am besten kühl überwintern. Welke Blüten ausputzen. Kurz vor und während der Blütezeit alle 14 Tage düngen. Weiterkultur im Folgejahr ist recht schwierig. LICHT Sehr hell, keine pralle Sonne. WASSER Stets mäßig feucht halten, vorzugsweise mit Regenwasser.

KLIVIE, RIEMENBLATT

– Clivia miniata

Eine robuste Zimmerpflanze mit langen, dunkelgrünen Blättern und einer Blütendolde mit großen, orangefarbenen Trichterblüten. Sie kann sehr alt werden und bei richtiger Pflege jedes Jahr aufs Neue blühen.

PFLEGE Mäßig warmer Standort. Von März bis Ende August alle 14 Tage düngen. Ab Oktober Gießen einschränken und am besten an kühleren Platz (10 °C) stellen, damit sie wieder neue Blütenknospen ansetzt. Sobald der Blütenschaft etwas länger ist, häufiger gießen und an einen wärmeren Platz stellen. Welke Blütenschäfte entfernen. LICHT Halbschatten, Schatten. WASSER Mäßig feucht halten.

BLAUE PRUNKWINDE

– Ipomoea tricolor

Diese schnell wachsende Kletterpflanze trägt wunderschöne blaue Blüten, die sich aber nur für einen Tag öffnen. Sie sollte auf jeden Fall sehr hell stehen, idealerweise in einem hellen Wintergarten. Auch einjährige Arten wie *I. purpurea* sind sehr dekorativ. Während der Sommermonate gedeiht sie am besten im Freien.

PFLEGE Mäßig warmer bis warmer Standort. In der Wachstumsperiode wöchentlich düngen. Ihre Triebe sind sehr lang und benötigen Rankhilfen, um die sie sich schlingen können. Am besten entsorgen Sie die Pflanze nach dem Blühen und ziehen im Frühjahr eine neu durch Aussaat. LICHT Direkte Sonne, sehr hell. WASSER Immer mäßig feucht halten.

MEDINILLE

– Medinilla magnifica

Die Pflanze beeindruckt mit ihren hängenden Blütenrispen unter großen, rosafarbenen Hochblättern. Die Blütezeit liegt im Winter und kann zwei bis fünf Monate dauern. Sie hat kräftige, ledrige Blätter. Eine anspruchsvolle Pflanze, deren Weiterkultur im Folgejahr nicht einfach ist.

PFLEGE Warmer Standort mit hoher Luftfeuchtigkeit. Von März bis Ende August alle 14 Tage Orchideendünger geben. Welke Blütenstängel abschneiden. Kühl (15 °C) und trocken überwintern. LICHT Sehr hell, keine direkte Sonne. WASSER Mäßig feucht halten.

BLUTBLUME, ROTE HAEMANTHUS

– Haemanthus multiflorus

Ein spektakuläres Zwiebelgewächs aus Afrika mit feinen, sternförmigen Blüten in einer großen Dolde, die einen Durchmesser von 20 cm erreichen kann. Aus den Blüten ragen lange, dünne Staubfäden.

PFLEGE Zwiebel im Frühjahr einpflanzen, zunächst sparsam gießen. Wenn Blatttriebe erscheinen, wieder etwas häufiger gießen. Im Sommer alle 14 Tage düngen. Im Spätsommer Gießen einschränken und die Pflanze nach Abwurf der Blätter trocken und kühl (12 °C) überwintern. LICHT Sehr hell, keine pralle Sonne. WASSER Mäßig feucht halten.

ALOKASIE, PFEILBLATT

– Alocasia wentii

Große, dunkelgrüne Blätter mit hellen Blattadern und langen Stielen. Von der Alokasie gibt es wunderschöne Arten und Kreuzungen mit unterschiedlichsten Blattformen, wie die hier abgebildete Sorte 'Stingray' mit breiten Blättern, die in einer langen Spitze enden.

PFLEGE Konstante Temperatur von etwa 20 °C. Im Frühjahr und Sommer alle 14 Tage düngen. Benötigt eine hohe Luftfeuchtigkeit, regelmäßig besprühen. Im Winter trockener halten. LICHT Sehr hell, keine direkte Sonne. WASSER Reichlich gießen, vorzugsweise mit Regenwasser.

ZIMMERARALIE, ARALIE

– Fatsia japonica

Sehr große, handförmige Blätter, die prächtig glänzen. Die Sorten 'Variegata' und 'Spiderweb' haben panaschierte Blätter und benötigen mehr Licht. Ein schnell wachsender Strauch, der aufgrund seines Umfangs viel Platz benötigt. Auch als Gartenpflanze geeignet, in unseren Breiten jedoch nur bedingt winterhart.

PFLEGE Kühler bis mäßig warmer Standort. In der Wachstumsperiode alle 14 Tage düngen. Im Winter an kühleren Platz stellen und trockener halten. LICHT Halbschatten, Schatten. WASSER Mäßig feucht halten.

GEIGENFEIGE, LEIERFÖRMIGER GUMMIBAUM

– Ficus lyrata

Die großen, kräftigen Blätter sind geigenartig geformt. Sie sitzen an langen, kräftigen Stielen und stehen schräg nach oben. Die Pflanze kann mit der Zeit ziemlich ausladend werden.

PFLEGE Warmer Standort bei konstanter Temperatur. In der Wachstumsperiode alle 14 Tage düngen. Benötigt eine hohe Luftfeuchtigkeit, regelmäßig besprühen. Im Winter kühler (nicht unter 16 °C) und trockener halten. LICHT Sehr hell, keine direkte Sonne. WASSER Mäßig feucht halten.

GROSSES FENSTERBLATT

– Monstera deliciosa

Eine robuste Zimmerpflanze. Ihre großen Blätter haben ausgeprägte Einschnitte oder Einbuchtungen. In tropischen Regenwäldern klettert sie an Bäumen empor. Ältere Exemplare sind dankbar für eine Wuchshilfe, zum Beispiel einen Moosstab.

PFLEGE Ganzjährig warmer Standort, nicht unter 18 °C. Im Sommer alle 14 Tage düngen. Benötigt eine hohe Luftfeuchtigkeit, besonders im Winter regelmäßig besprühen. LICHT Sehr hell oder halbschattig, keine direkte Sonne. WASSER Stets gleichmäßig feucht halten.

ZWERGBANANE, ZIERBANANE

– Musa tropicana

Sehr große, dickgestielte Blätter mit leicht gewellten Rändern. In Zimmerkultur trägt sie keine Früchte. Die Zwergbanane *M. acuminata* 'Dwarf Cavendish' bleibt klein. Sie hat sehr gute luftreinigende Eigenschaften.

PFLEGE Warmer Standort, im Winter nicht unter 12 °C. In der Wachstumsperiode wöchentlich düngen. Sie benötigt eine hohe Luftfeuchtigkeit, deshalb vor allem im Winter oft besprühen. LICHT Sehr hell, ältere Pflanzen vertragen auch direkte Sonne. WASSER Reichlich gießen, im Winter etwas sparsamer.

PHILODENDRON, BAUMFREUND

– Philodendron xanadu

Große, außergewöhnlich geschlitzte Blätter an kräftigen, holzigen Blattstielen. Bei älteren Pflanzen sind die Blätter tiefer geschlitzt. Eigentlich eine Kletterpflanze, bleibt aber in Zimmerkultur niedrig. Kann im Sommer im Freien stehen.

PFLEGE Ganzjährig mäßig warmer bis warmer Standort. Einmal im Monat düngen (halbe Dosierung). Benötigt eine hohe Luftfeuchtigkeit, Blätter im Winter besprühen. LICHT Sehr hell oder halbschattig, keine pralle Sonne. WASSER Mäßig feucht halten.

VERTIKALES GRÜN

Die meisten Pflanzen sind auch in einem vertikalen Zimmergarten ein echter Blickfang. Eine Pflanzenwand kann an eine Zimmerwand gestellt oder an eine Trägervorrichtung montiert werden. So bekommt man viel Grün auf kleiner Fläche. Eine schöne Idee ist ein kleines, individuelles »Pflanzenbild« oder die Gestaltung einer kompletten grünen Wand.

KLETTER- UND HÄNGEPFLANZEN

DISCHIDIE

Kletternde Zimmerpflanzen sind eine wirkungsvolle Begrünung für Büro, Wohnung oder Wintergarten. Die meisten Arten können sowohl klettern als auch hängen.

Viele exotische Pflanzen, die wir in unseren Wohnungen kultivieren, sind geschickte Kletterer. Im Dschungel wachsen sie auf der Suche nach Licht an hohen Bäumen empor oder sie lassen ihre biegsamen Zweige über Äste hängen. Auch in unseren Räumen ist es wichtig, Kletterpflanzen genügend Licht zu bieten. Hohe Fenster oder Licht von oben sind dafür ideal. Viele Pflanzen, die gerne klettern, brauchen dafür einen zusätzlichen Halt, lange Triebe sollten daher immer aufgebunden werden. Kleine Kletterhilfen können Sie an der Wand befestigen oder mit Schnüren spannen, zudem gibt es Spaliere oder Rankgitter für die Topfkultur. Im Handel sind auch spezielle Hängegefäße erhältlich, sogar solche, die kopfüber hängen können. In Blumenampeln oder in hohen Behältnissen kommen hängende Triebe wunderbar zur Geltung, zudem setzen Pflanzenschalen, die so hoch wie möglich platziert werden, ihre Pflanzen gekonnt in Szene. Auch eine Makramee-Blumenampel oder ein dekoratives Regalbrett vor dem Fenster verschafft Ihrer Hängepflanze den richtigen Auftritt. Ein regelmäßiger leichter Rückschnitt hält die wuchsfreudigen Kletterer in Form.

EFEU
– Hedera helix

In Zimmerkultur werden verschiedene kleinblättrige Sorten des Efeus kultiviert. Er ist sowohl als Kletterpflanze als auch als Hängepflanze geeignet. Es gibt Sorten mit gelbbunten, weiß marmorierten oder gänzlich grünen Blättern.

PFLEGE In der Wachstumsperiode alle 14 Tage düngen. Mäßig warmer bis warmer Standort, im Winter nicht unter 10 °C. LICHT Sehr hell bis halbschattig, keine direkte Sonne. WASSER Mäßig feucht halten.

SCHEINREBE
– Ampelopsis glandulosa

Die rankenden Triebe sind auffallend rötlich gefärbt, die Blätter ähneln Weinlaub. Manchmal trägt sie glänzende blaue Beeren. Abbildung: Die Sorte 'Elegans' hat weiß und grün marmorierte Blätter.

PFLEGE Alle 14 Tage düngen. Kühler Standort, vor allem im Winter. In der Ruhephase fallen die Blätter ab, neue Triebe erscheinen im Frühjahr. LICHT Sehr hell, keine direkte Sonne. WASSER Im Sommer reichlich gießen, im Winter sehr sparsam, aber das Substrat nicht austrocknen lassen.

EFEUARALIE
– Fatshedera lizei

Eine Kreuzung zwischen *Fatsia* und *Hedera* mit kräftigen, fünflappigen, efeuartigen Blättern und langen, biegsamen Stielen. Im September grüngelbe Blüten, in Zimmerkultur selten. Kann im Sommer eventuell an einem schattigen Platz im Freien stehen.

PFLEGE In der Wachstumsperiode alle 14 Tage düngen. Kühler Standort, im Winter nicht unter 7 °C. Lange Triebe im Frühjahr zurückschneiden. LICHT Halbschatten bis Schatten. WASSER Mäßig feucht halten.

KLIMME, KÖNIGSWEIN

– *Cissus × rotundifolia*

Diese aus Afrika stammende Pflanze hat ledrige, runde Blätter und entwickelt schnell lange Triebe, die eine Rankhilfe benötigen. *Cissus rhombifolia* hat dreigeteilte Blätter und kann klettern oder hängen.

PFLEGE In der Wachstumsperiode alle 14 Tage düngen. Im Winter vorzugsweise an kühleren Standort stellen und einmal im Monat leicht düngen. **LICHT** Halbschatten bis Sonne. **WASSER** Im Sommer mäßig gießen, im Winter trockener halten.

KLETTERPHILODENDRON, KLETTERBAUMFREUND

– *Philodendron scandens*

Ein fleißiger Kletterer aus den Regenwäldern Südamerikas mit Luftwurzeln und ziemlich kleinen, herzförmigen Blättern. Als Kletterpflanze am Moosstab, aber auch hängend zu kultivieren. Eine anspruchslose Zimmerpflanze. Wenn nötig, leicht zurückschneiden.

PFLEGE Geeignet für einen warmen Standort, nicht unter 14 °C. In der Wachstumsperiode alle 14 Tage düngen. Regelmäßig besprühen. **LICHT** Halbschatten bis Schatten. **WASSER** Mäßig feucht halten.

PASSIONSBLUME
– Passiflora caerulea

Diese Kletterpflanze bezaubert durch ihre außergewöhnlichen Blüten: ein prächtig gefüllter Strahlenkranz mit Narbe und langen Fäden, umringt von Kelch- und Kronblättern. Im Sommer am besten im Freien kultivieren. Es gibt viele schöne Arten, wie zum Beispiel die hier abgebildete *P. edulis.*

PFLEGE Kühler Standort, im Winter nicht unter 5 °C. In der Wachstumsperiode wöchentlich düngen. Im Frühjahr Seitentriebe auf fünf bis sechs Knospen zurückschneiden. LICHT Sehr hell, in Zimmerkultur gegen pralle Sonne abschatten. WASSER Mäßig feucht halten.

WACHSBLUME
– Hoya carnosa

Eine Kletterpflanze mit glänzenden, fleischigen Blättern und duftenden, weißen Blüten in hängenden Dolden. Sie bildet lange Triebe und kann sowohl als Kletterpflanze als auch als Hängepflanze kultiviert werden.

PFLEGE In der Wachstumsperiode alle 14 Tage düngen. Sobald Blütenknospen erscheinen, sollte die Pflanze nicht mehr neu ausgerichtet werden. Kühl überwintern. LICHT Sehr hell, keine direkte Sonne. WASSER Mäßig gießen, recht trocken überwintern.

CHILENISCHER JASMIN
– Mandevilla

Eine exotische Schlingpflanze aus Südamerika mit großen, duftenden Blüten, in verschiedenen Farben erhältlich. Wird oft als Kübelpflanze oder für die Terrassenbepflanzung angeboten. Optimal entwickelt sie sich, wenn sie im Sommer im Freien steht.

PFLEGE Mäßig warmer Standort. In der Wachstumsperiode wöchentlich düngen. Im Winter Ruhephase bei 8–12 °C und sparsam gießen, die Pflanze wirft ihre Blätter in dieser Zeit ab. Im Frühjahr zurückschneiden. LICHT Sehr hell, pralle Sonne abschatten. WASSER Im Sommer mäßig feucht halten, im Winter Gießen stark einschränken.

KLETTERBLEIWURZ
– Plumbago auriculata

Dieser Strauch ist vor allem rund um das Mittelmeer beheimatet und bezaubert mit weißen, ährenförmigen Blütenständen. Er wird vor allem als Kübelpflanze kultiviert, wächst aber auch in einem sehr hellen Raum oder im Wintergarten. Rückschnitt im zeitigen Frühjahr.

PFLEGE Kühler Standort, im Winter nicht unter 5 °C, im Sommer an einen geschützten Platz ins Freie stellen. Alle 14 Tage düngen. LICHT Sehr hell, pralle Mittagssonne abschatten. WASSER Mäßig feucht, im Winter etwas trockener halten.

SCHWARZÄUGIGE SUSANNE
– Thunbergia alata

Diese üppig blühende Kletterpflanze wird meistens als einjährige Pflanze angeboten. Ihre orangefarbenen Blüten haben einen dunklen Schlund. Es gibt auch weiß- oder gelbblühende Sorten. Idealerweise sollte sie im Sommer im Freien stehen.

PFLEGE Kühler bis mäßig warmer Standort. Alle 14 Tage düngen. Eventuell vor dem Winter zurückschneiden, kühl überwintern, im Frühjahr umtopfen und erneut zum Austrieb anregen. LICHT Sonnig, sehr hell. WASSER Mäßig feucht halten.

ZIERSPARGEL, FARNSPARGEL

– *Asparagus setaceus*

Diese Zimmerpflanze mit filigranen Blättchen an überhängenden Trieben gehört zur gleichen Familie wie der beliebte Gemüsespargel. Die Sorte 'Plumosus' hat noch zartere Blätter als *A. densiflorus* (Abbildung). *A. falcatus* hat noch breitere und sichelförmige Blätter. Nicht in Heizungsnähe stellen.

PFLEGE In der Wachstumsperiode wöchentlich düngen. Oft besprühen und nicht unter 10 °C überwintern. LICHT Halbschattig bis sehr hell, keine pralle Sonne. WASSER Mäßig gießen.

GRÜNLILIE

– *Chlorophytum comosum*

Eine unverwüstliche Zimmerpflanze, die am besten als Hängepflanze gedeiht. Weiße Blüten an langen, herabhängenden Trieben, an denen sich Ausläufer bilden. Diese können zur Vermehrung eingepflanzt werden. Sie hat ausgezeichnete luftreinigende Eigenschaften. Abbildung: 'Variegatum'.

PFLEGE Im Sommer wöchentlich düngen. Mäßig warmer Standort. Im Winter mag sie einen kühleren Standort, kann aber auch problemlos bei Zimmertemperatur stehen. LICHT sehr hell, keine direkte Sonne. WASSER Mäßig gießen.

RUTENKAKTUS, KORALLENKAKTUS, BINSENKAKTUS

– *Rhipsalis pilocarpa*, syn.: *Erythrorhipsalis pilocarpa*

Ein Kaktus ohne Dornen, der in den Tropen auf Bäumen wächst. Eine pflegeleichte und wuchsfreudige Pflanze, manchmal erscheinen weiße Blüten. Es gibt weitere schöne Rhipsalisarten, die sich durch ihre Art der Blätter unterscheiden.

PFLEGE Im Frühjahr und Sommer einmal im Monat düngen (halbe Dosierung). Kakteensubstrat. LICHT Halbschatten. WASSER Fast trocken bis mäßig feucht halten, Substrat zwischen den Wassergaben antrocknen lassen.

GEFLECKTE EFEUTUTE, EFEUTUTE, GOLDRANKE

– Epipremnum pinnatum

Eine robuste, buntblättrige Blattschmuckpflanze, sowohl Kletter- als auch Hängepflanze. Sorten mit bunten Blättern benötigen viel Licht, um die schöne Färbung zu erhalten. Sie hat ausgezeichnete luftreinigende Eigenschaften. Auch unter dem Namen *Scindapsus* bekannt.

PFLEGE In der Wachstumsperiode alle 14 Tage düngen. Warmer Standort, im Winter nicht unter 15 °C. Verträgt auch niedrige Luftfeuchtigkeit. LICHT Sehr hell, keine direkte Sonne. WASSER Stets mäßig feucht halten.

URNENPFLANZE, DISCHIDIE

– Dischidia nummularia

Attraktive Hängepflanze mit kleinen, fleischig verdickten Blättern an langen, herunterhängenden Trieben. Diese sukkulente Schlingpflanze wächst in tropischen Gebieten. Weiße Blüten, selten in Zimmerkultur zu finden.

PFLEGE Auch für ein tropisches Pflanzenterrarium geeignet. Ihre Wurzeln vertragen allerdings keine Staunässe. Zugluft vermeiden. Standort nicht unter 15 °C. LICHT Sehr hell, keine direkte Sonne. WASSER Benötigt eine hohe Luftfeuchtigkeit und weiches Wasser oder Regenwasser verwenden.

HÄNGENDE AESCHYNANTHUS, SINNBLUME, SCHAMBLUME

– Aeschynanthus radicans

Diese schöne Hängepflanze hat fleischige, fein behaarte Blätter und rote Blüten in dunklen Kelchen. Im Handel gibt es verschiedene schöne Sorten, wie 'Mona Lisa' mit großen Blättern sowie 'Twister' und 'Rasta' mit gekräuselten Blättern (Abbildung).

PFLEGE In der Wachstumsperiode alle 14 Tage düngen. Standort bei 18–23 °C, im Winter vorzugsweise zwei Monate bei etwa 15 °C. LICHT Sehr hell, keine direkte Sonne. WASSER Mäßig gießen, in der Ruhephase trockener halten und oft besprühen.

LEUCHTERBLUME, CEROPEGIE

– Ceropegia woodii

Die Leuchterblume ist eine Sukkulente mit gefleckten, fast runden Blättern an dünnen, hängenden Trieben. Die zarten Blüten erinnern in ihrer Form an altmodische Leuchter. Mit ihnen werden kleine Fliegen zur Bestäubung angelockt. Mit einem abgeschnittenen Triebteil und ansitzenden Brutknöllchen ist sie unkompliziert zu vermehren. 'African Parachute' hat große, grünweiße Blüten.

PFLEGE Einmal im Monat düngen. Mäßig warmer Standort, im Winter nicht unter 10 °C. Kakteensubstrat. LICHT Sehr hell, auch direkte Sonne. WASSER Sparsam gießen.

WACHSBLUME

– Hoya davidcummingii

Glänzende, fleischige Blätter an langen Trieben und Dolden voller duftender, rosafarbener Blüten mit gelber Nebenkrone. Als Kletter- oder Hängepflanze zu kultivieren. Eine etwas anspruchsvollere Zimmerpflanze, die sehr gut für Hydrokultur geeignet ist.

PFLEGE Warmer Standort. In der Wachstumsperiode alle 14 Tage düngen. Sobald Blütenknospen erscheinen, sollte das Gefäß nicht mehr neu ausgerichtet werden. Kühl überwintern. LICHT Sehr hell, keine direkte Sonne. WASSER Mäßig feucht, im Winter recht trocken halten, das Substrat zwischen den Wassergaben antrocknen lassen.

SCHLANGEN-FETTHENNE, AFFENSCHAUKEL

– Sedum morganianum

Eine anspruchslose Sukkulente mit fleischigen, graugrünen, kleinen Blättern, die dicht übereinander an hängenden Trieben sitzen. Abbildung: 'Burrito'. Abgefallene Blätter bewurzeln unkompliziert in Substrat. Kakteensubstrat verwenden.

PFLEGE Mäßig warmer Standort, im Winter am besten bei 13–15 °C, um die schöne Wuchsform zu erhalten. Verträgt auch niedrige Luftfeuchtigkeit. LICHT Direkte Sonne. WASSER Sparsam gießen, im Winter sehr trocken halten.

KANONIERBLUME, SCHLEUDERBLUME

– Pilea glaucophylla

Kleine, graugrüne Blätter an rötlich gefärbten, hängenden Trieben. Der reife Pollen wird bei Wasserkontakt buchstäblich »weggeschossen«. Eine Eigenschaft, die der Pflanze zu ihrer umgangssprachlichen Bezeichnung verhalf. Auch für das Pflanzenterrarium geeignet.

PFLEGE Mäßig warmer bis warmer Standort. Einmal im Monat düngen. Das Substrat nie vollständig austrocknen lassen. LICHT Halbschatten bis Schatten. WASSER Gleichmäßig feucht halten, vorzugsweise mit Regenwasser.

FARBENFROHE HOCHBLÄTTER

VRIESEA

Sie sehen aus wie Blüten, doch es sind eigentlich Blätter, die von Mutter Natur eine leuchtende Farbe erhalten haben. Diese dekorativ geformten Hochblätter erfreuen uns extra lange mit ihrer Schönheit.

Blüten sieht man bei diesen Zimmerpflanzen selten, doch ihre großen und farbigen Hochblätter sind dafür umso auffälliger. Sie schützen die Blüten, locken Bestäuber an und bezaubern sehr lange mit ihren leuchtenden Blütenständen. Viele Zimmerpflanzen mit diesen speziell entwickelten, farbenfrohen Blättern gehören zu der Familie der Bromeliengewächse. Sie wachsen auf Bäumen, genauso wie auch Orchideen. Meistens bilden ihre Blätter eine Rosette oder einen Trichter, in denen sich Wasser ansammeln kann. Im Dschungel sind diese Minigewässer ein Lebensraum für Tiere. Der Blütenstand besteht aus farbigen Hochblättern, die oft eine eher unauffällige Blüte umgeben. Die trichterförmigen Blattrosetten blühen nur ein einziges Mal und gehen danach ein. Dieser Prozess beginnt bereits mit der Blütezeit und dauert Monate, doch er endet immer mit dem Absterben der Mutterrosette. Die an der Rosettenbasis gewachsenen Kindel können Sie einpflanzen. Haben Sie Geduld, denn auch bei guter Pflege kann es oft Jahre dauern, bis die Pflanze wieder Blüten ansetzt.

LANZENROSETTE, SILBERVASE

– Aechmea fasciata

Ihre lanzettlichen Blätter haben eine aparte graugrüne Zeichnung. Ihr Blütenstand besteht aus rosafarbenen und gezähnten Hochblättern, die die violetten Blüten schützen. Die Rosette stirbt nach der Blüte ab.

PFLEGE Mäßig warmer bis warmer Standort, nicht unter 17 °C. In der Wachstumsperiode alle 14 Tage düngen. Ab und zu Wasser in den Blatttrichter geben und regelmäßig besprühen. Die Pflanze nach der Blüte entsorgen oder Kindel kultivieren. LICHT Sehr hell bis halbschattig, keine direkte Sonne. WASSER Stets mäßig feucht halten, Regenwasser verwenden.

EINBLATT, BLATTFAHNE

– Spathiphyllum

Große, glänzende Blätter und aronstabähnliche Blütenstände zieren diese Pflanzen aus dem Amazonasgebiet. Der zarte Blütenkolben ist von einem großen, weißen Hüllblatt umgeben.

PFLEGE Warmer Standort, im Winter nicht unter 16 °C. In der Wachstumsperiode alle 14 Tage düngen. Welke Blütenstängel abschneiden. Benötigt eine hohe Luftfeuchtigkeit, vor allem im Winter regelmäßig besprühen. LICHT Sehr hell bis halbschattig, keine direkte Sonne. WASSER Reichlich gießen.

WEIHNACHTSSTERN, POINSETTIE

– Euphorbia pulcherrima

Zur Weihnachtszeit wird diese Pflanze in vielen Farben und Größen angeboten, auch als Hochstämmchen. Die recht kleinen, unscheinbaren Blüten werden von großen, farbintensiven Hochblättern umschlossen. Der weiße Milchsaft kann Hautirritationen auslösen.

PFLEGE Mäßig warmer Standort bei 15–22 °C. Kühle Räume und Zugluft vermeiden. Nach der Blüte entsorgen. Erneute Blütenbildung im Folgejahr ist in Zimmerkultur selten. LICHT Sehr hell, keine direkte Sonne. WASSER Mäßig feucht halten.

BLAUE TILLANDSIE

– Tillandsia cyanea

Diese Bromelie hat schmale, grüne Blätter und leuchtende, rosafarbene Hochblätter, die dicht beieinanderstehen und die Form einer flachen Ähre bilden. Zwischen den Hochblättern erscheinen blauviolette Blüten. Die Rosette stirbt nach der Blüte ab.

PFLEGE Warmer Standort, nie unter 18 °C. Einmal im Monat düngen. Nach der Blütezeit entsorgen oder Kindel kultivieren. Junge Pflanzen können zur Blüte angeregt werden, indem sie einen warmen Standort mit hoher Luftfeuchtigkeit erhalten. LICHT Halbschatten. WASSER Mäßig feucht halten, Regenwasser verwenden.

VRIESEA, FLAMMENDES SCHWERT

– Vriesea

Diese beliebte Bromelie entwickelt lange, schmale Blätter von dichtem Wuchs, die manchmal auch grau gebändert sind. Dazwischen sitzen schwertförmige Blütenstände mit roten, gelben oder grünen Hochblättern. Die Rosette stirbt nach der Blüte ab.

PFLEGE Warmer Standort, nicht unter 18 °C. Sie benötigt eine hohe Luftfeuchtigkeit, regelmäßig besprühen. Ab und zu Gießwasser direkt in den Blatttrichter geben. Nach der Blüte entsorgen oder Kindel kultivieren, was aber aufmerksame Pflege erfordert. LICHT Sehr hell, keine direkte Sonne. WASSER Stets mäßig feucht halten, Regenwasser verwenden.

ZIMMERKALLA, ZANTEDESCHIA

– Zantedeschia

Sie hat große, oft auch gesprenkelte Blätter. Ein geschweiftes, leicht eingerolltes Hüllblatt umgibt den Blütenkolben. Dieses Knollengewächs gibt es in vielen verschiedenen Farben. Kann im Sommer ins Freie gestellt werden.

PFLEGE Kühler Standort, nicht über 15 °C, ein warmer Raum ist nicht geeignet. In der Wachstumsperiode alle 14 Tage düngen (halbe Dosierung). Welke Blüten ausputzen. Nach der Blütezeit entsorgen oder Knolle überwintern. LICHT Direkte Sonne, Halbschatten. WASSER In der Wachstumsperiode gleichmäßig feucht halten.

FLAMINGOBLUME

– Anthurium

Die herzförmigen, farbintensiven Hochblätter sind weit geöffnet und tragen in ihrer Mitte einen Blütenkolben. Sie stehen auf langen Blütenschäften. *A.* Andreanum-Hybriden (Große Flamingoblume) haben glänzende Hochblätter, die der *A.* Scherzerianum-Hybriden (Kleine Flamingoblume) sind matt.

PFLEGE Warmer Standort. Benötigt eine hohe Luftfeuchtigkeit. In der Wachstumsperiode alle 14 Tage düngen. Sechs Wochen kühl überwintern (nicht unter 15 °C) und trockener halten. Lockeres, humoses Substrat mit guter Drainage. LICHT Halbschatten, keine direkte Sonne. WASSER Stets mäßig feucht halten, Regenwasser verwenden.

GUZMANIE

– Guzmania

Glatte, feste Blätter in trichterförmiger Rosette. In ihren Zwischenräumen kann sich Wasser sammeln. Der Blütenstand besteht aus farbenprächtigen Hochblättern, die es in vielen verschiedenen Farben gibt. Die Rosette stirbt nach der Blüte ab. Eine der pflegeleichtesten Bromelien.

PFLEGE Warmer Standort, 16–21 °C. Im Frühjahr und Sommer monatlich düngen. Im Sommer auch Gießwasser in den Blatttrichter geben. Nach der Blüte entsorgen oder Kindel kultivieren. LICHT Sehr hell, keine direkte Sonne. WASSER Stets mäßig feucht halten, Regenwasser verwenden.

NESTANANAS

– Neoregelia

Diese Bromelienart fasziniert aufgrund ihrer schönen Blätter. Die Sorten von *N. carolinae* (Abbildung) haben Blätter mit weißen Längsstreifen, die sich in der Trichtermitte leuchtend rot verfärben. *N.* 'Fireball' hat schmale Blätter in dunklem Rosarot. Die kleinen Blüten sitzen tief im Trichter. Die Rosetten sterben nach der Blüte ab.

PFLEGE Mäßig warmer bis warmer Standort. Düngen ist nicht unbedingt notwendig. Toleriert auch niedrige Luftfeuchtigkeit. Den Trichter immer bis zur Hälfte mit Regenwasser füllen und Wasser regelmäßig erneuern. LICHT Halbschatten, Schatten. WASSER Mäßig feucht halten, Regenwasser verwenden.

ÜBERHÄNGENDE TILLANDSIE

– Tillandsia dyeriana

Eine besondere Bromelie mit langen, schmalen Blättern, die trichterförmig zusammenstehen. Am Ende eines langen Schaftes sitzt ein überhängender Blütenstand mit orangefarbenen Hochblättern. Die Rosetten sterben nach der Blüte ab. Geeignet für ein Pflanzenterrarium.

PFLEGE Mäßig warmer bis warmer Standort, nicht unter 18 °C. Düngen ist nicht unbedingt notwendig. Sie benötigt eine hohe Luftfeuchtigkeit, deshalb regelmäßig besprühen, Blüten dabei aussparen. Im Trichter kann immer etwas Wasser stehen. LICHT Sehr hell, keine direkte Sonne. WASSER Mäßig feucht halten, Regenwasser verwenden.

KORBMARANTE, INKAKRONE GELB BLÜHENDE CALATHEA

– Calathea crocata

Diese Calathea bezaubert mit ihren dicht beieinanderstehenden, orangefarbenen Hochblättern. Ihre Blütenstände stehen auf kräftigen, dunkelgrünen Schäften. Die langovalen Blätter sind dunkelgrün. Sie hat sehr gute luftreinigende Eigenschaften.

PFLEGE Warmer Standort, nicht unter 16 °C. Im Sommer alle 14 Tage düngen (halbe Dosierung). Benötigt eine hohe Luftfeuchtigkeit, regelmäßig besprühen. Nach der Blütezeit trockener halten. LICHT Halbschatten, keine direkte Sonne. WASSER Stets mäßig feucht halten, vorzugsweise mit Regenwasser.

SAMMELN

Haben Sie eine bestimmte Pflanze in Ihr Herz geschlossen? Wie wäre es dann mit einer eigenen Kollektion? Mit den schönsten Kakteen, verschiedenen Farnarten, außergewöhnlichen Bonsais oder so vielen farbenprächtigen Orchideen wie möglich. Sie werden sehen, dass es innerhalb einer Pflanzenfamilie viele schöne Arten gibt, und bevor Sie es wissen, hat Sie die Sammelleidenschaft gepackt. Stehen diese Schätze dann zusammen an einem Platz, wird Ihre Kollektion zu einem Blickfänger in Ihrem Raum.

BUNTE
BLÄTTER
EFEUTUTE

Wie bunt möchten Sie es haben? Diese Blätter haben gelbe, rote oder weiße Blattadern, ein exotisches Fleckenmuster, einen rosafarbenen Blattrand oder sie sind mit silberfarbigen Tupfen verziert.

Auf den nächsten sechs Seiten finden Sie die schönsten bunten Blattpflanzen. Ihre Blattadern verblüffen mit ihrer prächtigen Form, die Blätter sind getupft, gefleckt oder gebändert oder faszinieren mit einem Muster kontrastierender Farben. Die mehrfarbigen Blätter entstehen durch verschiedene Pigmente. Diese eindrucksvollen Blätter treten besonders schön vor einem ruhigen, neutralen Hintergrund hervor. Oder setzen Sie farbige Akzente in Ihrem Wohnzimmer, indem Sie die Blattfarbe in Gefäßen oder Wänden bewusst wieder aufnehmen. Bunte Blattpflanzen sind in einem gemeinsamen Gefäß besonders dekorativ. Bei großen Gefäßen oder Kübeln mit mehreren Zimmerpflanzen ist es wichtig, dass das Wasser gut ablaufen kann. Außerdem muss das Gefäß meistens nach etwa drei Jahren geleert und wieder mit frischem Substrat gefüllt werden. Die Pflanzen können anschließend wieder eingepflanzt oder eventuell vermehrt werden. Für die neue Bepflanzung sollte immer frisches Substrat zur Verfügung stehen. Da Sie nun die speziellen Ansprüche Ihrer Pflanzen kennen, wird der zweite Pflanzenmix noch schöner als der erste sein.

ALOKASIE, PFEILBLATT

– *Alocasia*

Dunkelgrüne, wunderschön gezeichnete Blätter mit fast weißen Adern auf langen Stielen. Die Blätter können bis zu 1 m Länge erreichen. Sie gedeiht auch an einem etwas weniger hellen Platz. Abbildung: die Sorte 'Polly'.

PFLEGE Konstante Temperatur von etwa 20 °C. In der Wachstumsperiode ab März alle 14 Tage düngen. Benötigt eine hohe Luftfeuchtigkeit. LICHT Sehr hell, im Sommer pralle Sonne abschatten. WASSER Stets leicht feucht halten, regelmäßig besprühen.

KOLBENFADEN

– *Aglaonema*

Große, ovale, spitz zulaufende Blätter mit hellen Blattadern und Stielen. Bildet kolbenförmige Blütenstände. Viele Sorten mit eindrucksvollen, bunten Blättern, Abbildung: Die Sorte 'Kreta'. Der perfekte grüne Luftreiniger.

PFLEGE In der Wachstumsperiode alle 14 Tage düngen. Ganzjährig warmer Standort. Die großen Blätter mögen keine trockene Luft. LICHT Sehr hell, keine pralle Sonne. WASSER Mäßig gießen.

GLANZKÖLBCHEN, APHELANDRA

– *Aphelandra squarrosa*

Glänzende, dunkelgrüne Blätter mit markanten weißen Adern. Zwischen den Blättern sitzen kleine Blüten und Hochblätter in leuchtendem Gelb. Besonders im Winter empfindlich gegen trockene Luft und deshalb etwas anspruchsvoller in der Pflege.

PFLEGE In der Wachstumsperiode alle 14 Tage düngen. Nach der Blütezeit zurückschneiden und an einen kühleren Platz stellen. Regelmäßig besprühen. LICHT Halbschatten, keine direkte Sonne. WASSER Mäßig feucht halten.

BUNTE PFEILWURZ, GEFLECKTE MARANTE, GEBETSPFLANZE

– Maranta leuconeura

Eine Pflanzenart aus den tropischen Regenwäldern mit wunderschön gezeichneten, graugrünen Blättern. Diese sind langgestielt und haben jeweils zehn dunkle Flecken.

PFLEGE Standort nicht unter 14 °C. Alle 14 Tage düngen. Diese Pflanzen mögen hohe Luftfeuchtigkeit, deshalb regelmäßig besprühen. Staunässe vermeiden. LICHT Sehr hell, keine direkte Sonne. WASSER Mäßig feucht halten, weiches Wasser oder Regenwasser verwenden.

KORBMARANTE, CALATHEA

– Calathea

Ihre Blätter faszinieren mit ihrer wunderschönen Zeichnung. Es gibt verschiedene schöne Sorten, abgebildet ist *Calathea* 'Flamestar'. Ihre Blätter nehmen am Abend eine hängende Form ein und stehen morgens wieder auf. Eine Pflanze mit hohen Ansprüchen an Pflege und Standort.

PFLEGE Warmer Standort bei hoher Luftfeuchtigkeit, unbedingt Zugluft vermeiden. Alle 14 Tage düngen und regelmäßig besprühen. LICHT Halbschatten, keine direkte Sonne. WASSER Stets leicht feucht halten, Staunässe vermeiden.

WUNDERSTRAUCH

– Codiaeum variegatum

Auffallend gezeichnete Blätter in roten und orangefarbenen Tönen. Im Handel sind verschiedene buntblättrige Sorten erhältlich. Die Pflanze gehört zur Familie der Wolfsmilchgewächse und enthält Milchsaft, der Hautirritationen auslösen kann. Ebenfalls unter dem früheren Namen *Croton* bekannt.

PFLEGE In der Wachstumsperiode alle 14 Tage düngen. Mäßig warmer bis warmer Standort, im Winter nicht unter 18 °C. Benötigt eine hohe Luftfeuchtigkeit, oft besprühen. LICHT Sehr hell, keine direkte Sonne. WASSER Stets mäßig feucht halten.

REX-BEGONIE, KÖNIGSBEGONIE, BLATTBEGONIE

– *Begonia rex*

Die Blattbegonie wird besonders wegen ihrer reizvollen Blattzeichnung geschätzt, sie bildet auch kleine, rosafarbene Blüten aus. Für Begonienfans gibt es viele schöne Arten, wie zum Beispiel *B. boweri.* Einfache Vermehrung durch Blattstecklinge.

PFLEGE Benötigt eine ziemlich hohe Luftfeuchtigkeit. An einem kühleren Platz belohnen sie uns mit längerer Lebensdauer. In der Wachstumsperiode alle 14 Tage düngen. LICHT Halbschatten. WASSER Mäßig gießen, im Winter trockener halten.

KORBMARANTE, CALATHEA

– *Calathea roseopicta*

Eine ausdrucksvolle Blattzeichnung mit hellgrünen und dunkelgrünen Flecken. Die Blattadern und Stängel sind oft rötlich gefärbt. Die Sorte 'Medaillon' schmücken weiß umrandete Blätter. Recht pflegeintensiv und anspruchsvoll.

PFLEGE Ganzjährig warmer Standort bei hoher Luftfeuchtigkeit, regelmäßig besprühen. Zugluft vermeiden. Im Sommer alle 14 Tage düngen. LICHT Sehr hell, keine direkte Sonne. WASSER Mäßig feucht halten, weiches Wasser oder Regenwasser verwenden.

GUMMIBAUM
– *Ficus elastica*

Kräftige, glänzende Blätter. Auf der Abbildung die Sorte 'Belize' mit schöner Blattmusterung. Verzweigt sich kaum, nur bei Rückschnitt des Hauptsprosses. Die Schnittstellen sondern einen weißen Milchsaft ab, den sogenannten Latex. Gummibäume wechseln nicht gern den Platz und mögen keine Zugluft.

PFLEGE Eine kräftige Pflanze für einen ganzjährig warmen Standort. Im Winter nicht unter 16 °C. In der Wachstumsperiode alle 14 Tage düngen. LICHT Sehr hell bis halbschattig, keine direkte Sonne. WASSER Mäßig feucht halten.

FORELLENBEGONIE, BLATTBEGONIE
– *Begonia maculata*

Eine schnell wachsende Blattbegonie mit nicht alltäglichen Blättern: grünbraun gefärbt mit auffälligen silberweißen Flecken. Bildet zahlreiche kleine, weiße Blüten aus. Sie wächst aufrecht und kann etwas Halt benötigen.

PFLEGE Mäßig warmer Standort, im Winter nicht unter 12 °C. In der Wachstumsperiode wöchentlich düngen. LICHT Halbschatten, Schatten. WASSER Mäßig feucht halten, vorzugsweise mit Regenwasser.

BUNTNESSEL
– *Solenostemon*

Eine eindrucksvolle Blattschmuckpflanze. Es gibt viele Sorten in verschiedenen Farben. Die Palette reicht von Rot bis Rosa über Violett bis Grün. Sie benötigt einen hellen Standort, um eine kräftige Farbe zu entwickeln. Kann im Sommer im Freien stehen. Früherer Name: *Coleus.*

PFLEGE Mäßig warmer Standort, im Winter nicht unter 12 °C. Wöchentlich düngen. Blütenknospen am besten entfernen. Meistens einjährig, jedoch leicht mit Stecklingen zu vermehren. LICHT Sehr hell, aber pralle Sonne abschatten. WASSER Im Sommer mäßig bis reichlich gießen, im Winter trockener halten, weiches Wasser oder Regenwasser verwenden.

KEULENLILIE
– Cordyline fruticosa

Die langovalen Blätter faszinieren mit Streifen in verschiedenen Grüntönen, oft auch mit rosafarbener oder roter Färbung. Es gibt verschiedene Sorten, zum Beispiel 'Kiwi' (hellgrün und rosafarben) und 'Tango' (rot und rosafarben, Abbildung). Die Keulenlilie kann im Sommer auf der Terrasse stehen. Ähnelt *Dracaena*.

PFLEGE In der Wachstumsperiode einmal im Monat düngen. Mäßig warmer bis warmer Standort, im Winter nicht unter 12 °C. Benötigt eine hohe Luftfeuchtigkeit, oft besprühen. **LICHT** Sehr hell bis halbschattig, keine direkte Sonne. **WASSER** Mäßig feucht halten, weiches Wasser oder Regenwasser verwenden.

GERANDETER DRACHENBAUM
– Dracaena reflexa

Eine robuste Zimmerpflanze mit lanzettlichen Blättern, die mit grünen, gelbgrünen und manchmal weißen Streifen geschmückt sind. Es gibt viele verschiedene Sorten. Je bunter ihre Blätter sind, desto mehr Licht benötigen sie. Wird oft als Hochstämmchen kultiviert.

PFLEGE Im Sommer alle 14 Tage düngen. Warmer Standort, ganzjährig Zimmertemperatur möglich. Im Winter oft einnebeln. **LICHT** Sehr hell bis halbschattig, keine direkte Sonne. **WASSER** Mäßig feucht halten. Das Substrat zwischen den Wassergaben antrocknen lassen.

BOGENHANF, SCHWIEGERMUTTERZUNGE
– Sansevieria trifasciata

Die Sansevieria ist in den Wüstengebieten beheimatet. Sie gehört in Zimmerkultur zu den pflegeleichtesten Grünpflanzen. Es gibt sie als grüne und buntblättrige Sorten, mit schwertförmigen Blättern oder mit gestauchten Blattrosetten. Bildet auch Blüten aus bei wenig Pflege und hat dazu noch ausgezeichnete luftreinigende Eigenschaften.

PFLEGE Mäßig warmer bis warmer Standort, nicht unter 14 °C. Nur düngen, wenn die Pflanze schneller wachsen soll. Ältere Pflanzen lassen sich unkompliziert durch Teilung vermehren. **LICHT** Sehr hell, keine pralle Sonne. **WASSER** Sparsam gießen.

DIEFFENBACHIE
– Dieffenbachia

Bei diesen Pflanzen aus Südafrika gleicht kein Blattmuster dem anderen. Es gibt verschiedene Sorten, abgebildet ist 'Camilla'. Je kleiner der Weißanteil ihrer Blätter ist, desto dunkler kann ihr Standort sein. Alle Pflanzenteile sind ausgesprochen giftig.

PFLEGE In der Wachstumsperiode alle 14 Tage düngen. Im Winter kühler halten, jedoch nicht unter 15 °C. Benötigt eine hohe Luftfeuchtigkeit, regelmäßig besprühen. LICHT Sehr hell, keine direkte Sonne. WASSER Stets mäßig feucht halten, weiches Wasser oder Regenwasser verwenden.

PURPURTUTE, FUSSBLATT, PFEILBLÄTTRIGES SYNGONIUM
– Syngonium podophyllum

Eine schnell wachsende Zimmerpflanze mit dekorativen, bunten Blättern, die als Kletter- und auch als Ampelpflanze geeignet ist. Bei jungen Pflanzen sind die Blätter oval und pfeilförmig, im Laufe der Zeit werden diese spitzer und sind mehrfach geteilt. Ihr natürliches Habitat sind Sumpfgebiete. Abbildung: 'Arrow'.

PFLEGE Warmer Standort, nicht unter 15 °C. Im Sommer alle 14 Tage düngen. Benötigt im Winter eine erhöhte Luftfeuchtigkeit. LICHT Bunte Sorten benötigen viel Licht, grünblättrige Sorten bevorzugen Halbschatten. Keine direkte Sonne. WASSER Mäßig feucht halten, weiches Wasser oder Regenwasser verwenden.

KAMMERMARANTHE
– Ctenanthe burle-marxii

Eiförmige, silberfarbene Blätter mit dunkelgrüner Zeichnung entlang der Blattadern. Es gibt weitere schöne Arten und Sorten, wie 'Golden Mosaic' mit gelbbunten Blättern. Ähnelt der *Calathea.*

PFLEGE In der Wachstumsperiode alle 14 Tage düngen. Mäßig warmer bis warmer Standort, im Winter nicht unter 16 °C. Benötigt eine hohe Luftfeuchtigkeit, oft besprühen, Zugluft vermeiden. LICHT Sehr hell bis halbschattig, keine direkte Sonne. WASSER Stets mäßig feucht halten, weiches Wasser oder Regenwasser verwenden.

LUFTPFLANZEN

Viele Tillandsienarten sind Epiphyten, sie leben auf Bäumen in feuchten Nebelwäldern. Zum Leben benötigen sie keine Wurzeln, sondern nur Luft. Sie können diese Pflanzen aufhängen, in eine Schale legen oder in einem Regal platzieren. Besprühen Sie die Pflanzen alle zwei Tage. Gönnen Sie ihnen außerdem ein wöchentliches Tauchbad in Regenwasser, das mit einer schwachen Düngerlösung versetzt ist. Sorgen Sie für viel Licht und machen Sie den Pflanzen im Winter ein kühleres Plätzchen frei.

FLASCHENGARTEN

FALTERORCHIDEE

In dekorativen Flaschen oder anderen Glasgefäßen entsteht ein Garten in Miniaturausgabe, der fast ohne Pflege auskommen kann und für jeden Raum ein besonderen Blickfang ist.

Einen Flaschengarten selbst anzulegen, ist nicht allzu schwierig. Geeignet sind alle hellen, lichtdurchlässigen Glasflaschen, die sich verschließen lassen. Verwenden Sie kleinwüchsige Pflanzen, die eine hohe Luftfeuchtigkeit lieben und einen möglichst kleinen Wurzelballen haben. Geben Sie eine Schicht Kiesel oder Tongranulat in das Gefäß und streuen Sie etwas Aktivkohle darauf (aus dem Heimtierbedarf), um Schimmelbildung zu verhindern. Füllen Sie anschließend mit der Pappe einer Küchenrolle eine 5–8 cm hohe Substratschicht ein. Zum Einsetzen der Pflanzen eignen sich Gabeln oder Löffel, die an Bambusstäbchen gebunden sind. Mit einem Korken, der an ein Stöckchen befestigt wurde, drücken Sie das Substrat an und bedecken es abschließend mit Moos oder Kieselsteinchen. Besprühen Sie die Pflanze mit Regenwasser und geben Sie auch etwas Wasser auf das Substrat. Nach ungefähr einer Woche verschließen Sie das Glasgefäß und stellen es an einen hellen, absonnigen Platz. Einmal im Monat sollte das Gefäß mit einer Vierteldrehung neu ausgerichtet werden. Bei warmem Wetter sollte das Miniaturgärtchen ab und zu gelüftet werden.

KLETTERFEIGE, HÄNGENDER GUMMIBAUM
– *Ficus pumila*

Ein pflegeleichter, kleinblättriger *Ficus*. Er ist als Hängepflanze sowie als Kletterpflanze geeignet. 'Variegata' und 'Sunny' haben panaschierte Blätter. Die Blätter von 'Minima' sind noch etwas kleiner.

PFLEGE In der Wachstumsperiode alle 14 Tage düngen. Benötigt eine hohe Luftfeuchtigkeit. Mäßig warmer bis warmer Standort, im Winter nicht unter 5 °C. LICHT Halbschatten. WASSER Mäßig feucht halten, bei niedrigeren Temperaturen sparsamer gießen.

MOSAIKPFLANZE, ROTBLÄTTRIGE FITTONIE
– *Fittonia verschaffeltii*

Eine robuste Pflanze mit einer außergewöhnlich schönen Blattzeichnung. Die grünen Blätter haben weiße oder rosafarbene Adern,'Kings Cross' hat gekerbte Blätter. Ideal auch als Bodendecker unter einer großen Pflanze.

PFLEGE In der Wachstumsperiode alle 14 Tage düngen. Mäßig warmer Standort, im Winter nicht unter 16 °C. Regelmäßig mit Regenwasser besprühen. LICHT Halbschatten. WASSER Stets mäßig feucht halten, weiches Wasser oder Regenwasser verwenden.

MOOSFARN, MOOSKRAUT

– Selaginella

Hat samtweiche Blätter und bildet niedrige, moosartige Kissen. Im Handel gibt es verschiedene schöne Arten. Der Moosfarn gedeiht auch an schattigen Standorten und ist für die Kultur in einem Pflanzenterrarium geeignet.

PFLEGE Mäßig warmer bis warmer Standort, nicht unter 15 °C. Benötigt eine hohe Luftfeuchtigkeit, oft besprühen. Gießwasser in den Untersetzer geben, in der Wachstumsperiode Dünger zufügen. LICHT Halbschatten bis Schatten. WASSER Stets gleichmäßig feucht halten, vorzugsweise mit Regenwasser.

KORALLENMOOS, KORALLENBEERE

– Nertera granadensis

Eine Kriechpflanze mit kleinen Blättern. Sie hat leuchtend orangerote Beeren und ist deshalb besonders dekorativ. Auch mit weißen und gelben Früchten erhältlich. Schwierig zu überwintern und eher selten gelingt es, sie zur erneuten Ausbildung von Beeren anzuregen.

PFLEGE Kühler Standort, im Winter 12–16 °C. In der Wachstumsperiode alle 14 Tage düngen. LICHT Sehr hell, keine direkte Sonne. WASSER Stets mäßig feucht halten, Gießwasser immer in den Untersetzer geben.

BUBIKÖPFCHEN, HELEXINE

– Soleirolia soleirolii

Klitzekleine, runde Blättchen an kriechenden oder hängenden Trieben, in verschiedenen Grüntönen erhältlich. In Zimmerkultur wächst die Pflanze kugelförmig, im Freien ist sie ein dekorativer Bodendecker. Unkompliziert zu vermehren.

PFLEGE Kühler Standort, im Winter genügen 10 °C. Sie benötigt eine hohe Luftfeuchtigkeit, deshalb oft besprühen. In der Wachstumsperiode alle 14 Tage düngen. LICHT Halbschatten, keine direkte Sonne. WASSER Mäßig feucht halten.

ELATIORBEGONIE

– Begonia elatior

Eine Pflanze mit vielen farbenprächtigen Blüten, an denen Sie lange Freude haben werden. Im Handel sind verschiedene Sorten in fast allen Farbtönen erhältlich.

PFLEGE Mäßig warmer bis ziemlich kühler Standort, alle 14 Tage düngen. Es ist schwierig, sie nach dem Winter zur erneuten Blüte im Folgejahr anzuregen. **LICHT** Sehr hell bis halbschattig, keine direkte Sonne. **WASSER** Stets mäßig feucht halten, Gießwasser in den Untersetzer geben, vorzugsweise Regenwasser verwenden.

SCHIEFTELLER

– Achimenes

Eine reich blühende Pflanze mit wunderschön gezeichneten fliederfarbenen, rosafarbenen oder violetten Blüten. Abbildung: Die Sorte 'Ambroise Verschaffelt'.

PFLEGE In der Wachstumsperiode alle 14 Tage düngen. Warmer Standort bei 20–30 °C, im Winter nicht unter 10 °C, hohe Luftfeuchtigkeit. Die Wurzelknöllchen im Winter trocken halten und im Frühjahr wieder zum Austrieb anregen. **LICHT** Sehr hell, keine direkte Sonne. **WASSER** Mäßig gießen, stets weiches, lauwarmes Wasser verwenden.

FLAMMENDES KÄTHCHEN

– Kalanchoe blossfeldiana

Wegen ihrer Blütenpracht ist sie eine beliebte Zimmerpflanze. Sie hat fleischige, gekerbte Blätter und kleine Blüten in dichten Trugdolden. In vielen verschiedenen Farben und auch gefüllt erhältlich. Ein pflegeleichtes Dickblattgewächs.

PFLEGE Mäßig warmer Standort, im Winter kühler halten und Gießen einschränken. Monatlich düngen. Welke Blüten ausputzen, neue Blütenknospen erscheinen im November. **LICHT** Sehr hell, jedoch pralle Sonne abschatten. **WASSER** Sehr sparsam gießen.

CHRISTUSDORN

– Euphorbia milii

Eine pflegeleichte Zimmerpflanze mit dornigen Sprossen, die ihr Comeback feiert. Die Blütenstände bestehen aus verwachsenen roten, rosafarbenen oder weißen Hochblättern.

PFLEGE Mäßig warmer bis warmer Standort. Wird der Wurzelballen zu trocken, reagiert die Pflanze mit Blattabwurf. Lassen Sie sie dann ruhen. Bilden sich neue Blatttriebe, Wassergaben allmählich steigern. LICHT Direkte Sonne. WASSER Gleichmäßig feucht halten, in der Ruhephase sehr sparsam gießen.

BLAUES LIESCHEN, BITTERBLATT

– Exacum affine

Eine einjährige Pflanze mit buschigem, kugelförmigem Wuchs. Sie hat glänzende Blättchen und kleine, violette oder weiße Blüten mit gelben Staubbeuteln. Stirbt nach der Blüte ab.

PFLEGE Mäßig warmer Standort. Welke Blüten ausputzen und alle 14 Tage düngen. LICHT Sehr hell, keine direkte Sonne. WASSER Gleichmäßig feucht halten.

HÄNGEND

Wissen Sie nicht mehr, wohin mit all Ihren schönen Zimmerpflanzen? Eine Kultur in Hängegefäßen ist eine attraktive Lösung. Wichtig ist, dass Sie die Pflanzen problemlos gießen können und sich keine Staunässe bildet. Ausreichend Licht ist ein weiterer wesentlicher Aspekt. Ein Fensterplatz ist deshalb genau richtig. Mit ein paar schönen Hängegefäßen in einer Reihe lässt sich sogar ein einzigartiger, grüner Pflanzenvorhang gestalten.

FARNE

SCHWERTFARN

Sie faszinieren durch ihre Formenvielfalt und einer Farbpalette, die von Grasgrün und Blaugrün bis zu rötlichen Bronzetönen variiert. Ihre Wedel können bis zu 1 m lang werden. Bei ausreichender Luftfeuchtigkeit sind die meisten Farne recht anspruchslos. Sie reinigen die Luft und verbessern das Raumklima.

Die zierlichen Blätter der Farne sind lang und schlank und bei vielen Arten bis zu den Blattadern geschlitzt oder »gefiedert«. Diese Fiedern können auch ein weiteres Mal geschlitzt sein, sie sind dann doppelt gefiedert. Die Blätter haben somit eine große Oberfläche, die viel Feuchtigkeit verdunstet. In der Natur wachsen Farne deshalb an schattigen und ziemlich feuchten Standorten. Auch in Zimmerkultur benötigen sie eine hohe Luftfeuchtigkeit und müssen gerade in beheizten Räumen zusätzlich besprüht werden. Es gibt aber auch Farne, die gut mit trockener Luft zurechtkommen, wie beispielsweise der Sichelfarn, *Cyrtomium*, der Goldtüpfelfarn, *Phlebodium*, und der Ballfarn, *Davallia*. Eine gleichmäßige Wasserversorgung ist unerlässlich, ein Gefäß mit einem Wasserreservoir ist daher ideal. Geben Sie das Gießwasser nie mitten ins Pflanzenherz und tauchen Sie den Topfballen einmal im Monat in handwarmes Wasser. Farne verabscheuen Sonne und gedeihen gut in einiger Entfernung zum Fenster oder noch besser vor einem Nordfenster. Auch in Blumenampeln sind sie sehr dekorativ.

FRAUENHAARFARN, DREIECKIGER HAARFARN

– Adiantum raddianum

Zarte, herzförmige, kleine Blätter an filigran überhängenden, dunklen Stielen. *A. tenerum* hat grazile Blätter, die des *A. peruvianum* sind größer und ledriger. Ein Farn mit Ansprüchen.

PFLEGE Mäßig warmer bis warmer Standort, 18–25 °C. Benötigt eine hohe Luftfeuchtigkeit, viel besprühen und auf eine Schale mit Wasser stellen. In der Wachstumsperiode alle 14 Tage düngen (halbe Dosierung). LICHT Halbschatten bis Schatten. WASSER Gleichmäßig feucht halten, weiches Wasser oder Regenwasser verwenden.

NESTFARN

– Asplenium nidus

Ein Farn mit lanzettlichen, hellgrünen Blättern, die in einer trichterförmigen Rosette angeordnet sind. Es gibt auch Sorten, deren Blattspitzen geschlitzt sind, wie 'Amy' (Abbildung) oder Sorten, deren Blätter gewellt sind, wie zum Beispiel 'Crispy Wave'.

PFLEGE Warmer Standort, 18–25 °C, im Winter an kühleren Platz stellen und Gießen einschränken. Benötigt eine hohe Luftfeuchtigkeit, deshalb oft besprühen. In der Wachstumsperiode alle 14 Tage düngen (halbe Dosierung). LICHT Halbschatten bis Schatten. WASSER Gleichmäßig feucht halten, weiches Wasser oder Regenwasser verwenden.

RIPPENFARN

– Blechnum gibbum

Die glänzenden Wedel bilden eine Rosette und können mit der Zeit sehr lang werden. Ältere Exemplare bilden einen Stamm. Wenn dieser grüne Mitbewohner im Winter einen kühleren Platz erhält, macht er lange Freude. Kann im Sommer auch im Freien stehen.

PFLEGE Mäßig warmer bis warmer Standort, 18–25 °C. Im Winter kühl (nicht unter 12 °C) und trockener halten. Benötigt eine mäßig hohe Luftfeuchtigkeit, ab und zu besprühen. In der Wachstumsperiode wöchentlich düngen (halbe Dosierung). LICHT Halbschatten. WASSER Gleichmäßig feucht halten, weiches Wasser oder Regenwasser verwenden.

BALLFARN, HASENPFOTENFARN

– Davallia mariesii

Ein Farn mit kriechenden, weich behaarten Wurzeln, die an Hasenpfoten erinnern und das Gefäß oder die Blumenampel dekorativ umschlingen. Er ist recht robust und kann auch auf Baumrinde kultiviert werden.

PFLEGE Mäßig warmer bis warmer Standort, nicht unter 18 °C. Benötigt eine mäßig hohe Luftfeuchtigkeit, ab und zu mit Regenwasser einnebeln. In der Wachstumsperiode alle 14 Tage düngen. **LICHT** Halbschatten bis Schatten. **WASSER** Gleichmäßig feucht halten.

GOLDTÜPFELFARN

– Phlebodium aureum

Ein robuster Farn mit blaugrünen Blättern, der in den Tropen hoch oben in Baumkronen wächst. Aufgrund seiner dicken, ledrigen Blätter verdunstet dieser Farn weniger Feuchtigkeit als andere Farne. Bildet Luftwurzeln.

PFLEGE Mäßig warmer Standort, im Winter 13 °C. Während der Wachstumsperiode einmal im Monat düngen (halbe Dosierung). Benötigt eine mäßig hohe Luftfeuchtigkeit, ab und zu besprühen. Zugluft vermeiden. **LICHT** Halbschatten. **WASSER** Gleichmäßig feucht halten.

SCHWERTFARN, AUFRECHTER SCHWERTFARN

– Nephrolepis exaltata

Ein kräftiger Farn mit schön gefiederten, gewellten Wedeln. Ältere Exemplare können recht groß werden. Im Handel werden verschiedene Sorten mit unterschiedlichen Blattformen und auch mit gekräuselten Blättern angeboten. Abbildung: *Nephrolepis exaltata* 'Duffi'.

PFLEGE Mäßig warmer bis warmer Standort, nicht unter 18 °C. Im Winter an einen etwas kühleren Platz stellen. Benötigt eine hohe Luftfeuchtigkeit, regelmäßig besprühen. In der Wachstumsperiode alle 14 Tage düngen (halbe Dosierung). **LICHT** Schatten. **WASSER** Stets gleichmäßig feucht halten, weiches Wasser oder Regenwasser verwenden.

IN GEWÄCHSHAUS UND WINTERGARTEN

Ein Wintergarten am Haus bietet viele tolle Möglichkeiten für die Zimmerpflanzenkultur. Es ist dort sehr hell und im Winter etwas kühler, für viele Pflanzen der ideale Platz. Wenn es dann auch für Sie ein Sitzplätzchen inmitten der Pflanzenpracht gibt, ist das natürlich noch schöner. Ein Traum vieler Pflanzenliebhaber ist ein kleines Gewächshaus im Garten, hier lassen sich im Sommer die schönsten Zimmerpflanzen selbst ziehen.

ZUM VERZEHR EMPFOHLEN

TOMATE

Eigenes Gemüse anzubauen ist populär. Es macht Spaß, frischen Salat selbst zu ernten oder aromatische Tomaten direkt von der Pflanze zu pflücken. Wenn Sie keinen Garten haben, eignet sich auch ein sehr helles Fensterbrett, um essbare Pflanzen in der Wohnung zu ziehen.

Legen Sie einen Indoor-Garten an und ernten Sie das ganze Jahr Ihr eigenes Gemüse. Das macht viel Spaß und ist darüber hinaus noch sehr gesund. In der Küche oder im Wohnzimmer lassen sich essbare Pflanzen auch auf dem Fensterbrett kultivieren. An Plätzen mit weniger Licht hilft eine Pflanzenlampe. Von Tomaten, Blattsalaten und Zitronengras bis Microgreens, Sprossen und Kräutern, wie zum Beispiel Petersilie oder Basilikum, ist die Auswahl groß. Nach der Ernte müssen die Pflanzen oft entsorgt werden oder sie bekommen ein Plätzchen im Freien. Viele Arten lassen sich einfach aussäen oder aus Stecklingen ziehen, sie wachsen schnell und sind bald erntereif. Pflanzen Sie den Kern einer exotischen Frucht, ein Stückchen Wurzel oder Knolle ein und lassen Sie sich vom Resultat überraschen. Die Kerne von Avocados, Orangen, Granatäpfeln und Mangos keimen meistens recht gut, das Gleiche gilt für die Stängel von Zitronengras und die Knollen von Ingwer oder Süßkartoffeln. Früchte und Gemüse können davon nicht geerntet werden, aber dafür sind die Pflanzen eine wahre Augenweide.

KEIMLINGE

Keimlinge oder Sprossen sind gesund und zudem auch noch sehr lecker. Es gibt viele verschiedene Arten, die als Keimlinge gezogen werden können, wie beispielsweise Sojasprossen, Alfalfa, Brokkoli, Radieschen und Porree. Bereits nach vier bis sieben Tagen können sie geerntet werden.

PFLEGE Die Samen werden mit Wasser befeuchtet und an einen warmen Platz gestellt, dann beginnen sie zu keimen. Größere Samen müssen erst eine Nacht eingeweicht werden. Legen Sie die Samen in stapelbare Keimgefäße, auf eine Glasschale mit Siebeinsatz oder in ein anderes entsprechendes Glasgefäß. Die Temperatur sollte zwischen 13–21 °C betragen. LICHT Sprossen benötigen viel Licht. WASSER Täglich zweimal mit kaltem Wasser gut spülen und abtropfen lassen.

MICROGREENS

Microgreens sind Gemüse- und Kräutersprossen, deren Samen auf Küchenpapier zum Keimen gebracht werden. Gartenkresse, Senf, Chia, Roter Amarant, Basilikum oder Rucola – probieren Sie es einfach aus! Nach einer Woche ist Erntezeit und das Mikrogemüse kann einfach mit der Schere abgeschnitten werden.

PFLEGE Legen Sie drei Lagen (ungebleichtes) Küchenpapier auf einen Teller. Streuen Sie darauf eine Schicht Samen, nicht zu dicht aneinander. Decken Sie den Teller ab, bis die Samen keimen. Das dauert ungefähr 24 Stunden. Entfernen Sie die Abdeckung und stellen Sie die Keimlinge auf ein helles Fensterbrett. LICHT Sehr hell, keine direkte Sonne. WASSER Regelmäßig gießen oder besprühen, die Küchenpapierunterlage darf nicht austrocknen.

KRÄUTER

Küchenkräuter sind frisch einfach am leckersten. Wenn Sie keinen Kräutergarten haben, ist Zimmerkultur eine gute Lösung. Auch Kräuter für die Zubereitung von Tee, wie zum Beispiel Minze, Duftgeranie und Honigkraut *(Stevia)*, sind herrlich aromatisch. Oder probieren Sie Petersilie, Schnittlauch, Salbei, Basilikum, Lavendel oder Thymian. Diese sind wunderbar für die Kultivierung auf einem hellen Fensterbrett geeignet.

PFLEGE Aussaat im Frühjahr oder Zukauf von Jungpflanzen. Verwenden Sie immer frisches Substrat. Der Standort ist abhängig von der Pflanzenart, während Thymian direkte Sonne braucht, sollte Basilikum absonnig stehen. LICHT Sehr hell, keine direkte Sonne. WASSER Regelmäßig gießen, nicht austrocknen lassen.

PFLANZEN FÜR SALATE

Auf einer dünnen Substratschicht können Pflanzen länger kultiviert werden als in Wasser. Ihre Geduld wird mit frischem, knackigem Salat belohnt, den Sie selbst auf Ihrem Fensterbrett angebaut haben. Geeignete Arten sind beispielsweise Gartenmelde, Amarant, Pflücksalat, Radieschen, Blattsenf oder Rucola. Nach sechs bis zwölf Wochen können sie geerntet werden.

PFLEGE Den Boden des Pflanzgefäßes (mindestens 15 cm tief) mit einer Schicht Blumenerde bedecken. Darüber verteilen Sie 3 cm hoch Anzuchterde. Streuen Sie die Samen darauf und decken Sie diese mit einer dünnen Schicht Anzuchterde ab. Die beste Zeit für die Aussaat ist März bis September. Zum Ernten schneiden Sie die Blätter 5 cm über der Erde ab. Für eine erneute Ernte verabreichen Sie Flüssigdünger für Gemüse. Die Pflanze entwickelt dann neue Blätter. LICHT Sehr hell, keine direkte Sonne. WASSER Regelmäßig gießen oder besprühen, das Substrat darf nicht austrocknen.

TOMATE

Was gibt es Schöneres, als Tomaten direkt von der Pflanze zu naschen? Für die Zimmerkultur sollten Sie unbedingt ein sonniges Südfenster haben. Außerdem sollten Sie am besten kleine Cocktailtomaten, wie 'Tiny Tim' und 'Minibel', oder eine Hängetomate wie 'Tumbling Red Tom' anbauen. Versuchen Sie es auch mit Paprika *(Capsicum)*.

PFLEGE Aussaat Februar bis März an einem warmen Standort. Wenn zwei Blattpärchen zu sehen sind, in ein kleines Gefäß mit Erde pikieren. Im Mai in ein größeres Gefäß mit mindestens 20 cm Tiefe einpflanzen. Alle Seitentriebe in den Blattachseln wegschneiden und ab der Blütezeit wöchentlich düngen. Zur Befruchtung streichen Sie mit einem Pinsel über alle Blüten. LICHT Sehr hell, keine direkte Sonne. WASSER Mäßig feucht halten.

ZITRONE

Wenn Sie im Sommer gern auf Ihrer Terrasse sitzen, geben Sie doch Ihren Zimmerpflanzen auch ein Plätzchen an der frischen Luft. Viele Arten gedeihen besonders prächtig, wenn sie den Sommer im Freien verbringen dürfen.

Pflanzen haben im Sommer auf einer geschützten und sonnigen Terrasse bessere Wachstumsbedingungen als in der Wohnung. Ein Plätzchen unter einer (transparenten) Überdachung im Garten bietet ausreichend Licht und ist der ideale Standort. Auch Kübelpflanzen möchten nicht das ganze Jahr in einem warmen Zimmer stehen, ganz im Gegenteil. Im Sommer ziehen sie einen Standort im Freien vor. Im Winter benötigen sie eine kühle Ruhephase, um Knospen auszubilden, und ziehen dann in einen kühleren Raum um. Ein idealer Platz ist in einem Wintergarten oder einer Orangerie bei einer Temperatur von 7–12 °C. Im Mai können die Pflanzen ins Freie gestellt werden. Wichtig ist, sie langsam an die Außentemperatur zu gewöhnen. Pralle Sonne vertragen die Pflanzen nicht so gut, ihre Blätter können dadurch verbrennen. Auch Frost kann viel Schaden anrichten. Stellen Sie Ihre Zimmerpflanzen deshalb erst nach draußen, wenn keine Minusgrade mehr zu erwarten sind, und holen Sie sie im September rechtzeitig wieder herein.

ZICKZACKSTRAUCH

– Corokia cotoneaster

Seine kapriziös im Zickzack wachsenden Zweige sind mit silberfarbenen Härchen bedeckt und tragen kleine, ledrige Blätter. Im Frühjahr bildet er hellgelbe, duftende Blüten aus, später trägt er rote Beeren. Auch gut als Bonsai geeignet. Kübelpflanze.

PFLEGE Mäßig warmer Standort, im Winter kühler (5–10 °C) und trockener halten. Leichter Rückschnitt im Frühling. In der Wachstumsperiode alle 14 Tage düngen. LICHT Direkte Sonne oder Halbschatten. WASSER Mäßig feucht bis trocken halten.

ZWERGPALME

– Chamaerops humilis

Eine robuste, langsam wachsende Fächerpalme mit dornigen Blattstielen. Ihr natürliches Verbreitungsgebiet ist der europäische Raum. Idealerweise kultivieren Sie sie im Sommer im Freien als Kübelpflanze. Sie ist nur bedingt frosthart.

PFLEGE Mäßig warmer Standort, im Winter kühler (5–10 °C) und trockener halten. In der Wachstumsperiode wöchentlich düngen. In der Heizperiode regelmäßig besprühen. Palmensubstrat. LICHT Sehr hell, pralle Sonne abschatten. WASSER Reichlich gießen.

MÜHLENBECKIE, DRAHTSTRAUCH

– Muehlenbeckia complexa

Ein breit wachsender, kleiner Strauch mit dunkelgrünen Blättchen an hängenden oder kriechenden Trieben. Seine winzigen, weißen Blüten sind fast nicht zu sehen. Robuste Zimmerpflanze, gedeiht auch gut im Kübel.

PFLEGE Mäßig warmer Standort, im Winter nicht unter 10 °C. In der Wachstumsperiode einmal im Monat etwas düngen. Auf Ballentrockenheit reagiert die Pflanze mit Blattabwurf, sie treibt jedoch nach dem Gießen wieder neu aus. LICHT Sehr hell, keine direkte Sonne. WASSER Stets mäßig feucht halten.

OLIVENBAUM, ÖLBAUM

– Olea europaea

Der beliebte Olivenbaum ist im Mittelmeergebiet beheimatet und hat ledrige, graugrüne Blätter. Kleinere Exemplare sind vorübergehend auch für die Zimmerkultur geeignet. Früchte können leider nicht geerntet werden, dafür sind die hiesigen Sommer zu kalt. Kübelpflanze.

PFLEGE Im Sommer am besten im Freien, im Winter bis etwa Mitte April kühler Standort bei 5–10 °C. In der Wachstumsperiode alle 14 Tage düngen. LICHT Direkte Sonne. WASSER Mäßig feucht halten.

ECHTE ZIMMERLINDE

– Sparrmannia africana

Eine schnell wachsende Pflanze mit großen, herzförmigen Blättern, die weich behaart sind. Am richtigen Standort kann sie recht stattlich werden. Ältere Exemplare blühen im Winter. Rechtzeitig umtopfen oder vermehren.

PFLEGE Mäßig warmer Standort (20 °C), nach der Blüte im zeitigen Frühjahr vorübergehend kühler (12–16 °C) stellen. Trockene Heizungsluft kann zu Blattabwurf führen. In der Wachstumsperiode wöchentlich düngen. Nach der Blütezeit zurückschneiden. LICHT Sehr hell, keine direkte Sonne. WASSER Mäßig feucht halten, nach der Blütezeit sparsamer gießen.

YUCCA, RIESENPALMLILIE

– Yucca elephantipes

Eine robuste Zimmerpflanze mit schwertförmigen, zugespitzten Blättern. Wird oft aus Stammstecklingen kultiviert, doch die Blätter können auch direkt aus den Wurzeln treiben. Kübelpflanze.

PFLEGE Mäßig warmer Standort. Von April bis Ende August alle 14 Tage düngen. Im Sommer steht die Pflanze am liebsten im Freien. In der winterlichen Ruhephase bevorzugt sie eine Temperatur von 5–10 °C. Braune Blätter an der Blattbasis abschneiden. LICHT Direkte Sonne. WASSER Mäßig feucht halten. Das Substrat zwischen den Wassergaben antrocknen lassen.

SCHÖNPOLSTER, CALLISIE

– Callisia warszewicziana

Eine Pflanze von kompaktem Wuchs. Sie hat dunkelgrüne Blätter, die rosettenförmig angeordnet sind und violette Blüten an langen Stielen. Auch sehr dekorativ in einer Blumenampel oder als Kübelpflanze. Unkompliziert zu vermehren.

PFLEGE In der Wachstumsperiode alle 14 Tage düngen. In der winterlichen Ruhephase benötigt sie eine Temperatur von 15–20 °C, in dieser Zeit Gießen einschränken. Regelmäßig besprühen. LICHT Sehr hell, keine direkte Sonne. WASSER Mäßig feucht halten.

ZITRONE

– Citrus limon

Im Frühjahr erfreut sie mit duftenden, weißen Blüten, bei optimalen Wachstumsbedingungen können auch Früchte reifen. Auch andere Zitrusfrüchte eignen sich für die Zimmerkultur, wie beispielsweise Orange, Mandarine oder Pampelmuse, besonders geeignet ist Kumquat.

PFLEGE Warmer Standort, im Sommer auf einer sonnigen, geschützten Terrasse. Kühl überwintern bei 5–10 °C und Gießen einschränken, der Wurzelballen darf jedoch nicht völlig austrocknen. In der Wachstumsperiode einmal im Monat düngen. Substrat für mediterrane Kübelpflanzen. LICHT Direkte Sonne. WASSER Mäßig feucht halten, vorzugsweise mit Regenwasser.

PENTAS, STERN VON ÄGYPTHEN

– Pentas lanceolata

Sternförmige Blüten in flachen Scheindolden in Weiß, Rosa, Rot oder Violett. Auf der sommerlichen Terrasse ein beliebter Landeplatz von Schmetterlingen. Gedeiht auch gut in einem kleinen Gewächshaus. Kübelpflanze.

PFLEGE Mäßig warmer Standort, kühl überwintern bei 12–15 °C, sehr sparsam gießen. In der Wachstumsperiode wöchentlich düngen. Welke Blüten ausputzen. Benötigt eine hohe Luftfeuchtigkeit. LICHT Sehr hell, keine direkte Sonne. WASSER Gleichmäßig feucht halten, vorzugsweise mit Regenwasser.

TIBOUCHINE, GLÄNZENDE TIBOUCHINE, VEILCHENBAUM

– *Tibouchina urvilleana*

Große, samtig behaarte Blätter und im Spätsommer prächtige blauviolette Blüten. Gut geeignet für einen Platz auf einer geschützten, sonnigen Terrasse. Während der Blütezeit vorübergehend Zimmerkultur möglich, anschließend kühl überwintern. Kübelpflanze.

PFLEGE Kühler Standort, Ruhephase im Winter bei 5–10 °C, in dieser Zeit trocken halten. In der Wachstumsperiode alle 14 Tage düngen. Im Frühjahr zurückschneiden und erneut zum Austrieb anregen. LICHT Direkte Sonne, pralle Sonne abschatten. WASSER Reichlich gießen.

DREHFRUCHT

– *Streptocarpus saxorum*

Kleine, samtig behaarte Blätter und violette Blüten an langen Stielen. Blüht fast das ganze Jahr. Im Sommer steht sie gern im Freien, mag aber keinen Regen von oben. Auch dekorativ in der Blumenampel.

PFLEGE Mäßig warmer bis warmer Standort, Ruhephase im Winter bei 8–12 °C, Gießen dann einschränken. In der Wachstumsperiode alle 14 Tage düngen. Im Frühjahr zurückschneiden und erneut zum Austrieb anregen. LICHT Direkte Sonne oder Halbschatten. WASSER Sehr sparsam gießen, kein Wasser auf die Blätter geben.

AMD
SmartSoft

GRÜN AM ARBEITSPLATZ

Pflanzen sorgen am Arbeitsplatz für eine schöne Atmosphäre und steigern zudem das Wohlbefinden. Die Blätter reinigen die Luft, erhöhen den Sauerstoffgehalt und die Luftfeuchtigkeit und haben somit einen positiven Effekt auf die Gesundheit. Es wurde sogar nachgewiesen, dass Pflanzen am Arbeitsplatz die Produktivität steigern.

SUKKULENTE BLÄTTER

ECHEVERIE

Sukkulenten sind leicht an ihren dicken, saftigen Blättern zu erkennen, die bei vielen Arten in hübschen Rosetten wachsen. Es sind sehr robuste Zimmerpflanzen, die wenig Pflege benötigen.

Pflanzen, die Feuchtigkeit in Stämmen, Sprossen oder Blättern speichern können, werden Sukkulenten genannt. Sie werden in zwei Gruppen unterteilt: Kakteen und andere Sukkulenten. Ihre Heimat sind sehr trockene Regionen. Wenn es regnet, speichern sie so viel Feuchtigkeit wie möglich und wappnen sich so für Trockenzeiten. Auf den folgenden vier Seiten finden Sie wunderschöne Sukkulenten für die Wohnung. Sie sind robust, leicht zu pflegen und mögen es sonnig, warm und trocken. Perfekt für die Zimmerkultur! Sie tolerieren niedrige Luftfeuchtigkeit und benötigen wenig Wasser, zu viel Nässe kann sogar zu Pflanzenfäule führen. Gießen Sie diese Pflanzen deshalb nur hin und wieder und lassen Sie das Substrat zwischen den Wassergaben antrocknen. Für ein gesundes Wachstum benötigen die meisten Sukkulenten viel Licht. Ist ihr Standort zu dunkel, entwickeln sie lange, schlaffe Triebe. Sie brauchen gut durchlässiges Substrat und speziellen Kakteendünger.

AEONIUM, ROSETTENDICKBLATT, DICKBLATTROSETTE

– Aeonium arboreum

Die fleischigen, glänzenden Blattrosetten stehen endständig an dicken Sprossen. Abbildung: 'Atropurpureum' mit dunklen, purpurroten Blättern. Die untersten Blätter fallen regelmäßig ab. Kann im Sommer im Freien stehen.

PFLEGE Kühler bis mäßig warmer Standort. Im Winter trocken und kühl, jedoch nicht unter 10 °C. In der Wachstumsperiode alle 14 Tage etwas Kakteendünger geben. LICHT Direkte Sonne. WASSER Sparsam gießen.

AGAVE

– Agave macroacantha

Die in Mexiko beheimatete Agave (Abbildung) hat kräftige Dornen und graugrüne, fleischige Blätter, die in einer Rosette angeordnet und an der Spitze schwarz bedornt sind. Kann im Sommer im Freien stehen.

PFLEGE Kühler bis mäßig warmer Standort. Im Sommer einmal im Monat Kakteendünger geben. Im Winter trockener und kühler halten bei 5–10 °C. LICHT Direkte Sonne. WASSER Fast trocken bis mäßig feucht halten.

ALOE, ECHTE ALOE

– Aloe vera

Die Blätter haben gezahnte Ränder und laufen spitz zu. Diese Sukkulente ist bekannt wegen der heilsamen Wirkung ihres Saftes. *A. aristata* ist kleinwüchsiger und hat kleine, weiß gefleckte Blätter. Kann im Sommer im Freien stehen.

PFLEGE Kühler bis mäßig warmer Standort. In der Wachstumsperiode einmal im Monat Kakteendünger geben. Im Winter trockener und kühler halten (5–10 °C). LICHT Direkte Sonne, Halbschatten. WASSER Sparsam gießen.

ECHEVERIE
– Echeveria

Dickfleischige Blattrosetten, manchmal erscheinen orangefarbene Blüten. *E. agavoides* hat spitze, kleine Blätter, die der *E. derenbergii* sind breiter und flacher. *E. setosa* hat behaarte Blätter. Kann im Sommer im Freien stehen.

PFLEGE Kühler bis mäßig warmer Standort. In der Wachstumsperiode einmal im Monat Kakteendünger geben. Winterliche Ruhephase bei 5–10 °C. Kakteensubstrat. LICHT Direkte Sonne. WASSER Sparsam gießen.

HAWORTHIE, ZEBRAHAWORTHIE
– Haworthia fasciata

Ihre dickfleischigen, dunkelgrünen Blätter haben weiße Warzen auf der Unterseite, die in Querbändern miteinander verbunden sind. Nach dem Winter kann aus der Blattrosette ein langer Schaft mit weißen Blüten wachsen. Kann im Sommer im Freien stehen.

PFLEGE Warmer Standort. Im Frühjahr einmal im Monat etwas Kakteendünger geben. Im Winter trockenere und kühlere Ruhephase (5–10 °C). Kakteensubstrat. LICHT Sonnig. WASSER Sparsam gießen, nicht gänzlich austrocknen lassen.

WÜSTENKOHL
– Kalanchoe thyrsiflora

Die großen, etwas geschwungenen Blätter wachsen in einer lockeren Rosette und ähneln damit dem Kohl. Die Blätter sind von hellem Graugrün und zum Rand hin rötlich gefärbt. Diese Pflanzen sind perfekt für ein sehr helles Plätzchen: Je sonniger es ist, desto rötlicher werden ihre Blätter. Kann im Sommer im Freien stehen.

PFLEGE Mäßig warmer bis warmer Standort. Im Winter an kühleren Platz stellen und sparsamer gießen. Im Frühjahr einmal im Monat Kakteendünger geben. LICHT Direkte Sonne. WASSER Sparsam gießen.

OVALES DICKBLATT, GELDBAUM
– Crassula ovata

Kleine, dickfleischige, ovale Blätter. Die kräftigen, braunen, verzweigten Triebe ähneln Baumzweigen. Die Pflanze wächst langsam, kann aber mit der Zeit ziemlich stattlich werden. 'Minor' ist eine kleinwüchsige Sorte. Kann im Sommer im Freien stehen.

PFLEGE Mäßig warmer bis warmer Standort. Im Winter trockener und kühler halten (nicht unter 5 °C). Im Frühjahr einmal im Monat Kakteendünger geben. LICHT Sehr hell, auch sonnig. WASSER Trocken bis mäßig feucht halten, das Substrat kann zwischen den Wassergaben antrocknen.

FELSENDICKBLATT
– Crassula rupestris

Zierliche, überhängende Triebe mit kleinen, fleischigen Blättern, die wie Perlen aufgefädelt sind. Erhält die Pflanze viel direktes Sonnenlicht, färben sich die Blattränder rot. Manchmal bildet sie kleine, weiße Blüten aus. Kann im Sommer im Freien stehen.

PFLEGE Im Frühjahr und Sommer einmal im Monat Kakteendünger geben. Mäßig warmer bis warmer Standort, im Winter an kühleren Platz stellen und Gießen einschränken. LICHT Direkte Sonne. WASSER Sparsam gießen.

BLEISTIFTSTRAUCH, TIRUCALLI-WOLFSMILCH, LATEX-WOLFSMILCH,
– Euphorbia tirucalli

Eine ungewöhnlich aussehende Pflanze. Die stark verzweigten, bleistiftähnlichen Sprossen haben nur wenige, sehr kleine Blätter. Der weiße Milchsaft ist giftig. Eine robuste Pflanze, die recht schnell wächst.

PFLEGE Mäßig warmer bis warmer Standort. Im Winter trockener und kühler halten, jedoch nicht unter 12 °C. In der Wachstumsperiode einmal im Monat Kakteendünger geben. LICHT Direkte Sonne. WASSER Sparsam gießen.

ZWERGPFEFFER, PEPEROMIE

– Peperomia ferreyrae

Diese kleine, sukkulente Pflanze aus Peru hat schmale, fast runde Blätter, die spitz zulaufen und aussehen, als wären sie längs gefaltet. Keine Blütenbildung in Zimmerkultur. Sie ist robust und wächst recht langsam. Kann unkompliziert vermehrt werden.

PFLEGE Mäßig warmer Standort, nicht unter 12 °C. In der Wachstumsperiode einmal im Monat düngen und etwas kühler und trockener überwintern. LICHT Sehr hell bis halbschattig, keine direkte Sonne. WASSER Mäßig feucht bis ziemlich trocken halten.

KREUZKRAUT

– Senecio archeri

Eine robuste Sukkulente mit dünnen, fast stielrunden Blättern, die spitz zulaufen. Auf der Abbildung sehen Sie *S. archeri.* Sie wächst kompakt, kann aber im Laufe der Zeit recht hoch werden. Mit Trockenheit kommt sie gut zurecht.

PFLEGE Mäßig warmer bis warmer Standort. Im Winter an kühleren Standort bei 10–12 °C stellen und Gießen einschränken. Von März bis August einmal im Monat Kakteendünger geben. LICHT Direkte Sonne. WASSER Sparsam gießen, das Substrat zwischen den Wassergaben antrocknen lassen.

ERBSEN AM BAND, ZITRONENFÖRMIGES KREUZKRAUT

– Senecio rowleianus

Eine anspruchslose, sukkulente Hängepflanze. Die kleinen, fast kugelrunden Blätter haben Ähnlichkeit mit Erbsen. Sie hängen an dünnen Trieben, die eine beachtliche Länge erreichen können.

PFLEGE Mäßig warmer bis warmer Standort, kühl überwintern (10–12 °C) und trockener halten. Im Frühjahr und Sommer lediglich einmal im Monat düngen. Kakteensubstrat. LICHT Direkte Sonne. WASSER Sparsam gießen.

BIZARRE BLÜTEN UND BLÄTTER

SCHLAUCHPFLANZE

Fledermausblumen, Lebende Steine oder fleischfressende Pflanzen gehören zu den Naturwundern unserer Erde. Diese Exoten mit bizarren Blüten oder Blättern können Sie in Ihrem Zuhause ganz aus der Nähe bewundern.

Sind sie schön, hässlich oder sehen sie einfach nur komisch aus? Außergewöhnlich sind sie allemal. So wie beispielsweise Fledermausblumen mit ihren fast schwarzen Blüten und *Beloperone*, deren Blüten an die Form von Garnelen erinnern. Faszinierend ist auch das Brutblatt, das unzählige Brutknospen auf den Blättern trägt, oder die sukkulente *Lithops*, die einem Stein zum Verwechseln ähnlich sieht. Die bizarrsten sind vielleicht die fleischfressenden Pflanzen. Sie fangen auf findige Art allerlei Insekten, um diese dann in Ruhe zu verdauen. Mit den so freigesetzten Stoffen decken sie einen Teil ihres Nährstoffbedarfs. Die ideale Fliegenfalle für die Wohnung! Insekten werden mit einem nektarähnlichen Sekret in die Schläuche der *Sarracenia* gelockt. Stürzen sie dann in das Schlauchinnere, können sie an den glatten oder behaarten Innenseiten nicht mehr hinausklettern. Bei der Venusfliegenfalle klappen die Fangblätter zu, sobald ein Insekt auf ihnen landet. Es gibt auch Pflanzen, deren Blätter klebrige Tropfen absondern, an denen die Insekten haften bleiben. Lassen Sie die Fallen der Karnivoren nicht unnötig zuklappen, das kostet die Pflanze nur viel Energie.

BRUTBLATT

– Kalanchoe daigremontiana

Diese sukkulente Pflanze hat eine besondere Art der Vermehrung entwickelt. Auf den Blatträndern wachsen junge Pflänzchen (Brutpflanzen), die abfallen und in der Erde wurzeln und so zu neuen Pflanzen heranwachsen. Diesem »Brüten« verdankt die Pflanze ihren Namen.

PFLEGE Warmer Standort, düngen ist nicht notwendig. Der Wuchs wird kompakter, wenn die Pflanze in ihrer Ruhephase kühl überwintert (nicht unter 5 °C). LICHT Sonnig. WASSER Sparsam gießen, in der Ruhephase trocken halten.

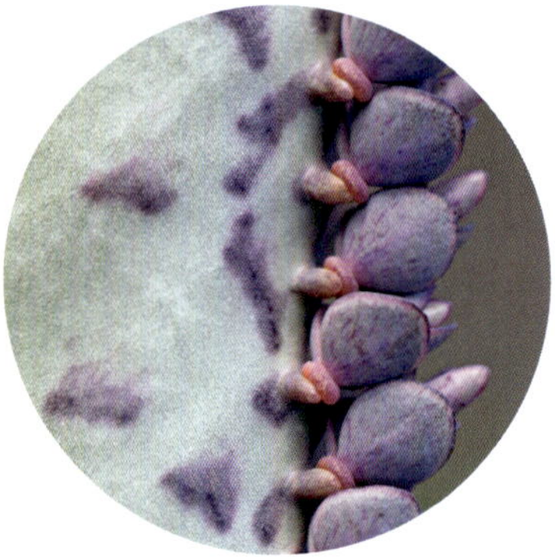

GUATEMALA-RHABARBER, FLASCHENPFLANZE

– Jatropha podagrica

Der verdickte Stamm ähnelt einer Flasche und ist ein effizienter Feuchtigkeitsspeicher. Die Blätter sowie die orangefarbenen Blüten, die monatelang blühen können, wachsen aus dem oberen Stammende.

PFLEGE In der Blütezeit alle 14 Tage düngen. Warmer Standort, im Winter nicht unter 16 °C. Bei Blattabwurf trocken halten, bis die Pflanze wieder neu austreibt. LICHT Direkte Sonne. WASSER Mäßig feucht halten. Nach Blattabwurf sparsam gießen.

SÄULENEUPHORBIE, DREIKANTIGE WOLFSMILCH

– Euphorbia trigona

Diese robuste Sukkulente fällt durch ihr ungewöhnliches Äußeres auf. Die dicken, dreikantigen Sprossen haben Rippen mit winzig kleinen Blättern. Ältere Exemplare bilden seitliche Austriebe.

PFLEGE In der Wachstumsperiode alle 14 Tage düngen. Mäßig warmer bis warmer Standort, im Winter kühler, jedoch nicht unter 12 °C. LICHT Sonnig, sehr hell. WASSER Sparsam gießen. Substrat zwischen den Wassergaben trocknen lassen.

GEWEIHFARN

– Platycerium bifurcatum

Der robuste Farn bildet zwei verschiedene Blattformen: sterile, schildförmige Blätter, die nach unten wachsen und sporentragende (fertile) Blätter, die sich wie ein Geweih in die Höhe ausbreiten. Die graue Schutzschicht auf den Blättern schränkt die Verdunstung ein. Eine ideale Pflanze für Räume mit trockener Luft.

PFLEGE Warmer Standort, in der winterlichen Ruheperiode nicht unter 12 °C. Die Pflanze benötigt ein großes Gefäß. Regelmäßig in Wasser mit Düngerzugabe tauchen, anschließend gut abtropfen lassen. LICHT Halbschatten bis Schatten, keine direkte Sonne. WASSER Gleichmäßig feucht halten, in der Ruhephase Gießen einschränken.

AMEISENPFLANZE, AMEISENKNOLLE

– Myrmecodia

Diese seltsam anmutende Pflanze bildet eine dornige Knolle aus, in der sich Gänge befinden, die oft von Ameisen bewohnt werden. In ihrer natürlichen Umgebung wächst sie auf Bäumen. Geeignet für ein Pflanzenterrarium oder ein Orchideenkörbchen mit entsprechendem Substrat.

PFLEGE Wächst am besten in warmen, etwas schattigen Räumen mit einer hohen Luftfeuchtigkeit. In der Wachstumsphase ab und zu Orchideendünger geben. Eine Ruhephase benötigt die Pflanze nicht. LICHT Sehr hell, halbschattig. WASSER Stets leicht feucht halten, vorzugsweise mit Regenwasser.

LEBENDE STEINE

– Lithops bromfieldii

Diese sukkulente Pflanze ähnelt Steinen. Sehr dekorativ, wenn mehrere Exemplare in ein Gefäß gepflanzt werden. Im Spätsommer wachsen gelbe Blüten aus dem Spalt der dicken, zusammengewachsenen Blätter. Im Handel gibt es viele unterschiedliche Arten.

PFLEGE Düngen ist nicht notwendig. Warmer Standort, sehr sparsam gießen, im Winter 10–12 °C. Nach der sommerlichen Wachstumsphase sterben die Blätter ab, danach wird ein neues Blattpaar ausgebildet. Kakteensubstrat. LICHT Sonnig. WASSER Sehr sparsam gießen, im Winter gänzlich trocken halten.

ZIMMERHOPFEN

– Beloperone guttata,
syn.: *Justicia brandegeana*

Diese aus Mexiko stammende Pflanze bezaubert durch ihre schönen Blütenstände aus rötlichen, ährenförmigen und hängenden Hochblättern, die endständig eine weiße Blüte tragen. Sie ist recht pflegeleicht und steht im Sommer gern im Freien.

PFLEGE Im Sommer alle 14 Tage düngen. Kühler Standort, im Winter nicht unter 12 °C. Im Frühjahr an wärmeren Platz stellen, zurückschneiden und häufiger gießen. LICHT Direkte Sonne, Mittagssonne abschatten. WASSER Reichlich gießen, im Winter reduzieren.

KANNENPFLANZE

– Nepenthes

Eine Kletterpflanze, die in tropischen Regenwäldern heimisch ist. An jedem Blattende hängt ein markantes, rötliches Gefäß, das mit seinem Saft Insekten anlockt und verdaut. Auch als Ampelpflanze geeignet.

PFLEGE In der Wachstumsperiode alle 14 Tage schwach konzentriert düngen. Warmer Standort, konstante Temperatur von 18–22 °C. Benötigt eine hohe Luftfeuchtigkeit. Orchideensubstrat. LICHT Sehr hell, keine direkte Sonne. WASSER Gleichmäßig feucht halten, weiches Wasser oder Regenwasser verwenden, regelmäßig besprühen.

SCHLAUCHPFLANZE
– Sarracenia

Diese Karnivoren locken Insekten mit ihrem süßlich duftenden Nektar in ihre tödlichen Schläuche. Diese können aus der Falle nicht mehr entkommen und werden langsam verdaut. Im Sommer können diese Pflanzen an das Teichufer gepflanzt werden.

PFLEGE Kühler Standort, im Winter 0–10 °C. Düngen ist nicht notwendig, diesen Zweck erfüllen die gefangenen Insekten. Benötigt eine hohe Luftfeuchtigkeit und sauren Boden (Torf). **LICHT** Sehr hell, pralle Sonne etwas abschirmen. **WASSER** Gleichmäßig feucht halten, weiches (Regen-)Wasser verwenden und regelmäßig besprühen.

VENUSFLIEGENFALLE
– Dionaea muscipula

Eine fleischfressende Pflanze aus der Familie der Sonnentaugewächse. Insekten werden durch zusammenklappende Blatthälften gefangen. Interessant zu beobachten!

PFLEGE Nur düngen, wenn zu wenig Insekten in die Falle gehen. Kühler Standort, im Winter nicht unter 5 °C. Benötigt eine hohe Luftfeuchtigkeit und sauren Boden (Torf). **LICHT** Sehr hell, pralle Sonne etwas abschatten. **WASSER** Stets ziemlich feucht halten, Regenwasser verwenden.

FLEDERMAUSBLUME
– Tacca chantrieri

Diese tropische Pflanze aus Nepal fasziniert aufgrund ihrer außergewöhnlichen Blütenstände: Schwarze Hochblätter und helle, lange Bartfäden umgeben mehrere kleine Blüten. Im Winter wirft sie ihre Blätter ab. Benötigt eine hohe Luftfeuchtigkeit.

PFLEGE Warmer Standort, nie unter 16 °C. In der Wachstumsperiode alle 14 Tage düngen. Welke Blüten ausputzen. Die Wurzelknolle kühl und trocken überwintern und im Frühjahr umtopfen. **LICHT** Sehr hell, keine direkte Sonne. **WASSER** Mäßig feucht halten, weiches Wasser oder Regenwasser verwenden.

ERDSTERN, VERSTECKBLUME
– Cryptanthus

Eine kleine Bromelie mit wunderschön gefärbten Blättern. Die kurzlebigen Rosetten sterben nach der Blüte ab. Ihre Kindel (Tochterrosetten) können zwecks Vermehrung kultiviert werden.

PFLEGE Warmer Standort, auch im Winter. Alle 14 Tage mit einem Viertel der empfohlenen Menge düngen. Benötigt eine hohe Luftfeuchtigkeit. LICHT Halbschatten. WASSER Mäßig feucht halten.

ZWERGPFEFFER, SMARAGD-PEPEROMIE
– Peperomia caperata

Eine blühfreudige Pflanze mit dickfleischigen, glänzenden und runzligen Blättern. Ihre ährenförmigen Blütenstände sind unterschiedlich lang. 'Schumi Red' hat wunderschöne hellviolette Blätter.

PFLEGE Mäßig warmer Standort, nicht unter 12 °C. In der Wachstumsperiode alle 14 Tage düngen. Im Winter etwas kühler stellen. LICHT Halbschatten. WASSER Gleichmäßig feucht halten, häufiges Gießen und kaltes Wasser schaden der Pflanze.

PURPURBLÄTTRIGE DREIMASTERBLUME
– Tradescantia spathacea

Eine aufrecht wachsende Dreimasterblume mit prächtig gestreiften Blättern. Abgebildet ist 'Sitara'. Diese ist von kompaktem Wuchs und hat wunderschöne, purpurfarbene Blattunterseiten. Unkompliziert zu vermehren.

PFLEGE Mäßig warmer Standort bei 10–20 °C. In der Wachstumsperiode alle 14 Tage düngen. Im Winter etwas kühler stellen. LICHT Sehr hell, keine direkte Sonne. WASSER Mäßig feucht halten, das Substrat zwischen den Wassergaben antrocknen lassen.

VIOLETTE BLÄTTER
Der Pflanzenfarbstoff Anthocyan sorgt für die violette Färbung der Blätter. Je mehr Licht die Pflanzen erhalten, desto intensiver ist ihr Farbton. Direktes Sonnenlicht sollte trotzdem vermieden werden.

SAMTPFLANZE, KLETTERGYNURE

– *Gynura aurantiaca*

Violette Härchen auf dunkelgrünen Blättern geben dieser Pflanze ihr apartes Aussehen. Junge Pflanzen haben eine besonders intensive Farbe. Manchmal bildet sie orangerote Blüten aus, die unangenehm riechen. Als Kletter- oder Hängepflanze zu kultivieren. Unkompliziert zu vermehren.

PFLEGE Einmal wöchentlich etwas düngen. Mäßig warmer bis warmer Standort, im Winter nicht unter 12 °C. LICHT Sehr hell, keine direkte Sonne. WASSER Gleichmäßig feucht halten.

ECHEVERIE

– *Echeveria* 'Perle von Nürnberg'

Eine sukkulente Blattrosette aus Mexiko. Diese Sorte beeindruckt mit ihren dickfleischigen Blättern, die einen leichten violetten Glanz haben. Echeverien mögen es sonnig und trocken. Im Sommer können sie ins Freie gestellt werden.

PFLEGE Kakteendünger in der Wachstumsperiode geben. Kühler bis mäßig warmer Standort, im Winter Ruhephase bei 5–10 °C. Kakteensubstrat. LICHT Sonnig. WASSER Sehr sparsam gießen, im Winter fast gänzlich trocken halten.

KOKEDAMA

Kokedama ist eine Pflanztechnik aus Japan, bei der die Pflanzen in einem Moosball wachsen. Für diese Gestaltungsform eignen sich viele Pflanzen, zum Beispiel Orchideen, Begonien und Farne, aber auch Sukkulenten. Sie können die Moosbälle aufhängen oder auf eine Schale setzen. Im Handel sind auch Fertigvarianten mit Kokosfasern erhältlich, keine echte Kokedama, aber ebenfalls sehr dekorativ. Möchten Sie Kokedama selber anfertigen? Eine Anleitung dazu finden Sie auf Seite 167.

BONSAI

BIRKENFEIGE

Bonsai kommt aus dem Japanischen und bedeutet »Baum im Topf«. Ein Bonsaibäumchen wird künstlich klein gehalten, ein zehnjähriger Ficus ist als Bonsai nur ungefähr 20 cm hoch.

Sträucher aus tropischen Regionen eignen sich als Bonsai sehr gut für die ganzjährige Zimmerkultur. Sie sind an gleichbleibende warme Temperaturen gewöhnt, Bedingungen, die sie auch in unseren Wohnräumen vorfinden. Doch viele Arten, die als Bonsaibäumchen verkauft werden, sind eigentlich nicht für Innenräume geeignet. Ein Apfelbaum zum Beispiel oder ein Liguster sind echte Gartenpflanzen. Sie verkümmern als Bonsai, wenn sie das ganze Jahr in der Wohnung stehen. Ihre besondere Form erhalten Bonsai durch einen regelmäßigen Rückschnitt. Eine andere Möglichkeit, um ihre Äste in die gewünschte Form zu bringen, ist das Umwickeln junger Triebe mit Draht. Es gibt viel über Wuchsformen, Schneiden, geeignete Gefäße, Umtopfen und Düngen zu erzählen. Wenn Sie Lust haben, einen Bonsai zu kultivieren, informieren Sie sich vorher über diese Themen, dann werden Sie lange Freude an Ihrem Bäumchen haben. Es gibt Zimmerpflanzen, die aussehen wie Bonsai, wie die Fiederaralie auf Seite 135, aber keine sind.

CHINESISCHE FEIGE, LORBEERFEIGE

– Ficus microcarpa

Dieser robuste Ficus mit seinen kleinen, ledrigen, schön glänzenden Blättern ist hervorragend als Zimmerbonsai geeignet. Als preiswerte Variante wird er auf einem bizarren Stamm aus Luftwurzeln aufgepfropft und im Handel unter dem Namen *Ficus* Ginseng angeboten.

PFLEGE Warmer Standort, nicht unter 16 °C. In der Wachstumsperiode alle 14 Tage düngen. Bonsaisubstrat. LICHT Sehr hell oder halbschattig, keine direkte Sonne. WASSER Stets mäßig feucht halten.

CARMONA, FUKIENTEE

– Ehretia buxifolia

Ein Zimmerbonsai mit kleinen, dunkelgrünen Blättern und weißen, sternförmigen Blüten, der manchmal rote Beeren ausbildet. Geeignet für alle Bonsaiformen. Kann im Sommer im Freien stehen (nicht unter 15 °C).

PFLEGE Warmer Standort. In der Wachstumsperiode alle 14 Tage Bonsaidünger geben. Er benötigt eine hohe Luftfeuchtigkeit. Setzen Sie ihn deshalb auf eine mit Wasser gefüllte Schale, ohne dass die Wurzeln nasse Füße bekommen. Bonsaisubstrat. LICHT Sehr hell, keine direkte Sonne. WASSER Stets mäßig feucht halten.

CHINESISCHER FEIGENBAUM

– Ficus retusa

Er ähnelt dem Bekannten *F. benjamina*, jedoch stehen seine Blätter noch dichter beieinander. Sehr dekorativ als Zimmerbonsai, auf der Abbildung als Waldpflanzung (Yose-ue).

PFLEGE Warmer Standort, nicht unter 16 °C. In der Wachstumsperiode alle 14 Tage düngen. Bonsaisubstrat. **LICHT** Sehr hell, keine direkte Sonne. **WASSER** Stets mäßig feucht halten.

FIEDERARALIE

– Polyscias

Die fast runden Blätter sitzen an dicken Stämmchen. 'Fabian' ist eine robuste Sorte mit tief dunkelgrünen Blättern. 'Roble' und 'Ming' sind etwas empfindliche Sorten mit grazileren Blättern, *P. balfouriana* (Abbildung) hat grünweiße Blätter. *Polyscias* ist kein echter Bonsai. Für seine Kultivierung braucht es einen grünen Daumen.

PFLEGE Mäßig warmer bis warmer Standort, nicht unter 15 °C. Im Winter kühler und trockener halten. Im Frühjahr und Sommer 14-tägig düngen. Hohe Luftfeuchtigkeit, regelmäßig besprühen. Bonsaierde. **LICHT** Sehr hell bis halbschattig, keine pralle Sonne. **WASSER** Gleichmäßig feucht halten, Regenwasser.

SERISSA

– Serissa

Aus diesem Strauch lässt sich ein wunderschöner Bonsai formen. Das Bäumchen auf der Abbildung ist 16 Jahre alt. Bildet schöne, weiße Blüten. *S. foetida* hat kleine Blätter und ist am besten für die Bonsaikultur geeignet. *S. japonica* hat etwas größere, *S. variegata* grünweiße Blätter. Er kann im Sommer ins Freie gestellt werden.

PFLEGE Mäßig warmer bis warmer Standort. Im Winter vorzugsweise trockener und kühler halten, jedoch nicht unter 12 °C. Im Sommer alle 14 Tage düngen. Benötigt eine hohe Luftfeuchtigkeit, deshalb regelmäßig besprühen. Bonsaisubstrat. **LICHT** Sehr hell, keine pralle Sonne. **WASSER** Mäßig feucht halten.

BLUMENZWIEBELN IM HAUS

TRAUBENHYAZINTHE 'OCEAN MAGIC'

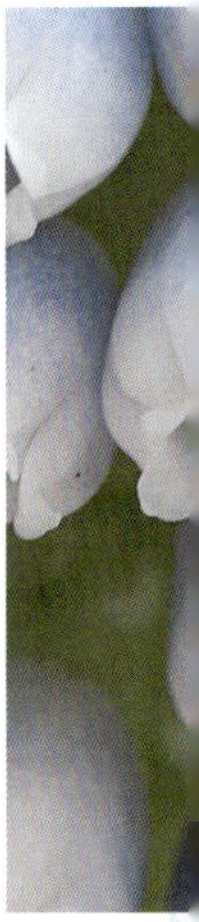

Narzissen, Tulpen und Hyazinthen, aber auch Sommerblumenzwiebeln können in der Blütezeit ruhig ein Weilchen drinnen stehen. Mit diesen farbenfrohen Blühern zieht der Frühling in Ihre Wohnung ein.

Mit Blumenzwiebeln in der Wohnung, holen Sie den Frühling vorzeitig ins Haus. Die Zwiebeln, die für die Zimmerkultur angeboten werden, sind speziell behandelt, sodass sie bereits im späten Winter blühen. Frühlingszwiebeln und -knollen können Sie auch selbst zum verfrühten Blühen anregen, indem Sie diese im Oktober oder Anfang November in durchlässiges Substrat pflanzen. Hyazinthen können auch in speziellen Hyazinthengläsern zum Blühen gebracht werden. Die Knolle darf darin nicht mit dem Wasser in Berührung kommen. Stellen Sie die Blumenzwiebeln acht bis zehn Wochen an einen dunklen Platz bei 9–10 °C und halten Sie das Substrat gleichmäßig feucht. Wenn Blütenknospen sichtbar werden, holen Sie die Pflanzen in Ihre warmen Wohnräume. Nach der Blütezeit können Sie den Pflanzen einen Platz im Garten geben. In Gärtnereien werden im Frühjahr auch bereits blühende Zwiebelblumen im Topf angeboten. Sommerzwiebeln und -knollen werden von März bis April gepflanzt, sie können direkt in der warmen Wohnung kultiviert werden.

KNOLLENBEGONIE

– Begonia × tuberhybrida

Ihre fleischigen Triebe wachsen aus einer flachen Knolle. Sie bezaubert den ganzen Sommer mit einer üppigen Blütenpracht. Im Handel ist sie in vielen verschiedenen Farben erhältlich. Sie kann auch im Freien kultiviert werden, verträgt aber keinen Frost. Sommerknolle.

PFLEGE Kühler Standort. In der Wachstumsperiode alle 14 Tage düngen. Die Knollen im März/April bei 20 °C in feuchtes Substrat legen. Eintopfen, wenn die Pflanze austreibt. Ab Mitte September Gießen einstellen und kühl überwintern. LICHT Halbschatten. WASSER Mäßig feucht halten.

HERBSTZEITLOSE

– Colchicum autumnale

Dieses Knollengewächs bildet im Spätsommer große, violette Blüten, die viel Ähnlichkeit mit einem Krokus haben. Die Pflanzen bilden Blüten aus der trockenen Knolle, ohne dass Wasser oder Erde erforderlich sind. Alle Pflanzenteile sind sehr giftig. Sommerknolle.

PFLEGE Kühler Standort verlängert die Blütezeit deutlich. Nach der Blütezeit in den Garten pflanzen. Im Frühjahr bilden sich die ersten Blätter und im Herbst erneut Blüten. LICHT In Zimmerkultur ist jeder Standort geeignet, im Garten direkte Sonne oder Halbschatten. WASSER In der Blütezeit nicht gießen, danach mäßig feucht halten.

LILIE

– Lilium

Lilien sind vor allem als Schnittblumen und Gartenpflanzen beliebt, lassen sich aber zeitweise auch in der Wohnung kultivieren. Die trompetenförmigen Blüten duften intensiv und blühen etwa vier bis fünf Wochen. Sommerzwiebel.

PFLEGE Pflanzen Sie im Frühjahr präparierte Zwiebeln. Anfangs ziemlich kühl halten und sparsam gießen. Bei Austrieb wärmer stellen und mehr Wasser geben. Alle 14 Tage düngen. Nach der Blütezeit in den Garten pflanzen. LICHT Sehr hell, auch direkte Sonne. WASSER Mäßig feucht halten.

DREIECKIGER GLÜCKSKLEE

– Oxalis triangularis

Eine einfach zu kultivierende Knolle mit dunkelvioletten Kleeblättern. Die Blätter sind essbar und schmecken nach Zitrone. Die blassrosa Blüten erfreuen den ganzen Sommer. Der Glücksklee kann gut eine Weile im Zimmer stehen oder auch in den Garten gepflanzt werden. Er ist aber nicht winterhart.

PFLEGE Kühler bis mäßig warmer Standort. Als Zimmerpflanze werden die Knollen im September 5 cm tief in frisches Substrat gepflanzt. Standort bei 6–8 °C, mäßig gießen. Bei Austrieb an wärmeren Platz stellen und mehr Wasser geben. Kühl überwintern. LICHT Sehr hell, keine direkte Sonne. WASSER Mäßig feucht halten.

RITTERSTERN, AMARYLLIS

– Hippeastrum

Aus der großen Zwiebel wachsen dicke Blütenschäfte, die mehrere trompetenförmige Blüten tragen. In verschiedenen Weiß-, Rosa- und Rottönen und oft wunderschön gezeichnet. Erhältlich sind auch Sorten mit gefüllten Blüten oder sehr schmalen Blütenblättern. Frühjahrszwiebel.

PFLEGE Die Zwiebel bis etwa zur Hälfte einpflanzen. Nach dem Abblühen Blütenschäfte abschneiden, bis September reichlich gießen und alle 14 Tage düngen. Danach die Zwiebel dunkel und kühl bei 16 °C lagern und trocken halten. Im Dezember eintopfen und zum Austrieb anregen. LICHT Sehr hell, keine direkte Sonne. WASSER Mäßig feucht halten.

HYAZINTHE

– Hyacinthus orientalis

Die Hyazinthe ist einer der beliebtesten Frühlingsboten und blüht wunderbar in der Wohnung. Die Blüten verströmen einen intensiven Duft. Es gibt sie in vielen schönen Farben. Frühjahrszwiebel.

PFLEGE Ab Oktober einpflanzen oder in ein Hyazinthenglas setzen. Zuerst kühl und dunkel halten. Wenn Blütenknospen erscheinen, an hellen und kühleren Platz stellen, denn so erfreuen uns die Blüten länger. Nach der Blütezeit in den Garten pflanzen. **LICHT** Sehr hell oder halbschattig, keine direkte Sonne. **WASSER** Mäßig feucht halten.

ARMENISCHE TRAUBENHYAZINTHE

– Muscari armeniacum

Mit dieser blauen Blütenpracht ist der Frühling endlich da. Die Blüten sitzen in dichten Trauben endständig an den Blütenstängeln und verströmen einen zarten Duft. Auch mit weißen und rosafarbenen Trauben erhältliche Frühlingszwiebel.

PFLEGE Im Frühjahr Blumenzwiebeln im Topf kaufen und in der Wohnung so kühl wie möglich stellen. Zur Blüte zu bringen, wie auf Seite 137 beschrieben, ist möglich, aber schwierig. Welke Blütenstände ausputzen. Nach der Blütezeit in den Garten pflanzen, die Zwiebeln sind winterhart. **LICHT** Sehr hell, keine direkte Sonne. **WASSER** Mäßig feucht halten.

NARZISSE

– Narcissus

Die gelben oder weißen Blüten mit ihrer charakteristischen Trompetenform und herrlichem Duft verabschieden den Winter. Fast alle Narzissen blühen auch in Zimmerkultur. 'Grand Soleil d'Or' und 'Paperwhite' können direkt in die warme Wohnung gestellt werden ohne vorher dunkel zu stehen.

PFLEGE Die Zwiebeln im Herbst pflanzen, kühl und trocken halten, bis Blütenknospen erscheinen. Wenn die Pflanze während der Blütezeit kühl steht, halten ihre Blüten länger. Welke Blüten ausputzen. Nach der Blütezeit in den Garten pflanzen, die Zwiebeln sind winterhart. **LICHT** Halbschatten, keine direkte Sonne. **WASSER** Mäßig feucht halten.

TULPE

– Tulipa

Tulpen sind echte Gartenpflanzen, doch in der Blütezeit können sie problemlos im Zimmer kultiviert werden. Es gibt sie in allen denkbaren Farben. Auch botanische Tulpen mit ihren kleinen, fein geformten Blüten sind wunderschön. Frühjahrszwiebel.

PFLEGE Die Zwiebeln im Herbst pflanzen, kühl und trocken lagern, bis Blütenknospen erscheinen. Danach etwas wärmer stellen, jedoch nicht über 15 °C. Während der Blütezeit vorübergehend Zimmerkultur. Verwelkte Blüten ausputzen. Nach der Blütezeit in den Garten pflanzen, die Zwiebeln sind winterhart. LICHT Sehr hell, keine direkte Sonne. WASSER Mäßig feucht halten.

SCHWIMM-PFLANZEN

WASSERPRIMEL, WASSERFEDER

Die Wurzeln von Schwimmpflanzen brauchen keine Erde, um zu wachsen. Sie treiben frei im Wasser. Diese Teichpflanzen eignen sich phantastisch für einen kleinen Wassergarten auf dem Fensterbrett.

Mini-Wassergärten für die Wohnung lassen sich recht einfach selbst anlegen, zum Beispiel in einer dekorativen Glasvase, im einfachen Einweckglas, in Aquarien und anderen Glasgefäßen. Pflanzen können wunderbar miteinander kombiniert werden, wie beispielsweise Schwimmpflanzen mit unter Wasser wachsenden Sauerstoffpflanzen, deren Wurzeln in einer Schicht Kiesel oder Teichsubstrat ankern. Reinigen Sie das Gefäß zuerst sorgfältig ohne Seifenzusatz. Möchten Sie Steinchen als Grundlagenschicht, müssen diese vorab gründlich gewaschen werden. Füllen Sie Leitungswasser in das Gefäß und lassen Sie es einen Tag stehen, bevor Sie die Wasserpflanzen einsetzen. Stellen Sie das Gefäß an einen hellen Platz und düngen Sie die Pflanzen mit spezieller Nährstofflösung für Aquariumpflanzen. Das Wasser bleibt klar, wenn ein biologisches Gleichgewicht besteht, eine Sauerstoffpflanze wie das Brasilianische Tausendblatt, auch Papageienfeder genannt, hilft dabei. Algenwuchs kann vorkommen, geht aber oft von selbst wieder weg, wechseln Sie das Wasser daher erst, wenn es völlig grün ist. Lassen Sie sich von den Pflanzen auf den folgenden Seiten inspirieren oder experimentieren Sie mit anderen Teichpflanzen.

WASSERHYAZINTHE
– Eichhornia crassipes

Glänzende, fast runde Blätter, die hauchdünnen Wurzeln hängen frei im Wasser. Der ballonförmige Blattfuß enthält schwammartiges Gewebe, das der Pflanze den nötigen Auftrieb verleiht. Manchmal bildet sie blauviolette Blüten aus.

PFLEGE Wassertemperatur 20–30 °C, nicht unter 10 °C. Kann ab Mitte Mai im Freien stehen oder in den Teich gesetzt werden. **LICHT** Sehr hell, keine direkte Sonne. **WASSER** Wasserpflanze, Schwimmpflanze.

WASSERSALAT, MUSCHELBLUME
– Pistia stratiotes

Eine schnell wachsende, tropische Schwimmblattpflanze. Ihre fein behaarten Blätter sind rosettenförmig angeordnet und deutlich geädert. Die filigran verzweigten Wurzeln treiben frei im Wasser. Bildet oft Ableger. Diese vorsichtig von der Mutterpflanze trennen und je nach Wunsch kultivieren.

PFLEGE Warmer Standort, Wassertemperatur 20–25 °C. Blätter vertragen keine Tropfnässe. **LICHT** Sehr hell, keine direkte Sonne. **WASSER** Wasserpflanze, Schwimmpflanze.

WASSERPRIMEL, WASSERFEDER
– Hottonia palustris

Eine einheimische Wasserpflanze mit zarten Blättern an langen Stielen. Sie wächst unterhalb der Wasseroberfläche oder in sumpfigen Böden. Ihre feinen, zartvioletten Blütenstände ragen aus dem Wasser. Sauerstoffpflanze.

PFLEGE Heller, nicht zu warmer Standort. Die Wurzeln brauchen kleine Steine, an denen sie sich festhalten können. Gelegentlich düngen. Gut als Teichpflanze geeignet, winterhart. **LICHT** Sehr hell, keine direkte Sonne. **WASSER** Wasserpflanze, wächst unter Wasser.

PAPAGEIENFEDER, BRASILIANISCHES TAUSENDBLATT
– Myriophyllum aquatium

Die Papageienfeder wächst sowohl unter als auch oberhalb der Wasseroberfläche. Ihre filigranen Blätter sind in dichten Quirlen um die Stängel angeordnet und ähneln kleinen Federn. Mit ihnen halten sie jeden Wassertropfen fest. Sauerstoffpflanze.

PFLEGE Kühler bis mäßig warmer Standort, 13–25 °C. Benötigt viel Licht. Steinchen geben den Wurzeln den nötigen Halt. Wächst auch im Flachbereich von Teichen, bedingt winterhart. **LICHT** Sehr hell, keine direkte Sonne. **WASSER** Wasserpflanze, wächst unter und oberhalb der Wasseroberfläche.

GEMEINER SCHWIMMFARN
– Salvinia natans

Eine winzig kleine Schwimmpflanze. Ihre behaarten Blätter werden etwa 1 cm groß und sind gegenständig in Paaren angeordnet. Die Blattfarbe variiert von Hellgrün bis Bronze. Ein kleiner Farn, der ziemlich schnell wächst.

PFLEGE Warmer Standort, Wassertemperatur 18–26 °C. Ausdünnen, wenn zu viele Brutpflänzchen gewachsen sind. **LICHT** Sehr hell, keine direkte Sonne. **WASSER** Wasserpflanze, Schwimmpflanze.

WASSER ÜBERFLÜSSIG
Die Pflanzen in diesen hermetisch abgeschlossenen Gefäßen benötigen kein Wasser. Im Gefäß befindet sich genau die entsprechende Menge an Feuchtigkeit und Nährstoffen, durch deren Wiederverwertung die Pflanze mindestens zwölf Monate gedeiht.
Da sie keine Pflege brauchen, sind sie perfekt für Pflanzenliebhaber ohne grünen Daumen. Ideal für alle Zimmerpflanzen, die eine hohe Luftfeuchtigkeit benötigen. Abbildung: Kaffeestrauch (Coffea arabica).

DIE SCHÖNSTEN
BLÜTEN
EDELPELARGONIE

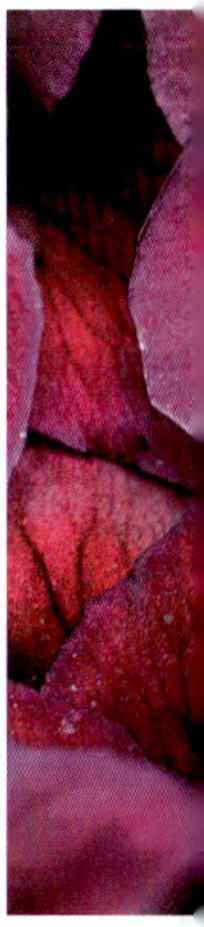

Die Blüten exotischer Pflanzen mit ihren prächtigen Farben beleben jede Inneneinrichtung. Bei richtiger Pflege erfreuen sie uns wochenlang mit ihrer herzlichen Blütenpracht.

Prächtig blühende Zimmerpflanzen bringen Farbe in die Wohnung. Ein Blumenstrauß ist oft teurer und hält kaum eine Woche. Blühfreudige Pflanzen bringen dagegen lange Freude, wenn Sie beim Kauf darauf achten, dass es sich um knospige Ware handelt. In den Gewächshäusern der Gärtnereien erhielten sie genau die benötigte Temperatur und Lichtmenge, um ihre Blüten auszubilden. Sie können die Blütezeit verlängern, indem Sie die Pflanzen an einen kühlen Platz ohne direkte Sonne stellen. Richten Sie die Pflanzen nicht neu aus, denn darauf reagieren sie oft mit Knospen- oder Blütenabwurf. Die Blütezeit ist meistens nur vorübergehend, doch für Pflanzenliebhaber ist es eine schöne Herausforderung, ihre Schützlinge erneut zur Blütenbildung anzuregen. Dafür benötigen viele Pflanzen eine kühle Ruhephase. Haben sie Samen gebildet, werden diese frühzeitig entfernt, denn dadurch verlieren die Pflanzen nur unnötig viel Energie. Auf den Seiten 154–155 finden Sie Arten und Sorten mit herrlich duftenden Blüten oder Blättern.

SCHÖNMALVE, ABUTILON

– Abutilon pictum

Eine schnellwüchsige Pflanze mit glockenförmigen Blüten. Die Sorte 'Thompsonii' hat gelbgrün gemusterte Blätter. *A. megapotamicum* (Hängende Schönmalve, Abbildung) hat wunderschöne, hängende Blüten mit roten Kelchblättern und einer gelben Krone. Im Handel sind verschiedene Hybriden in leuchtenden Farben erhältlich. Kann im Sommer im Freien stehen.

PFLEGE Kühler bis warmer Standort. In der Wachstumsperiode wöchentlich düngen und im Winter vorzugsweise an einen kühleren Platz stellen. Im Frühjahr bis zur Hälfte zurückschneiden und jährlich umtopfen. LICHT Sehr hell, pralle Sonne abschatten. WASSER Mäßig feucht halten.

INDICAAZALEE, ZIMMERAZALEE

– Rhododendron simsii

Der reichblühende, kleine Strauch ist über und über mit weißen, roten oder rosafarbenen Blüten bedeckt, die manchmal auch zweifarbig sind. Diese Azaleenart ist nicht winterhart und kann deshalb nicht ganzjährig im Garten kultiviert werden.

PFLEGE Kühler bis mäßig warmer Standort, während der Blütezeit 15–22 °C. Welke Blüten ausputzen. Nach der Blütezeit an kühleren Platz stellen (6–10 °C) und bis Mitte April Triebe zurückschneiden. Ab Mitte Mai ins Freie stellen und bis zum Herbst alle 14 Tage düngen. Anschließend in die Wohnung stellen und bis zur Blütezeit kühl halten. Sie benötigt eine hohe Luftfeuchtigkeit und sauren Boden. LICHT Sehr hell, keine direkte Sonne. WASSER Stets mäßig feucht halten, Regenwasser verwenden, tauchen.

VEILCHENBUSCH, BROWALLIE

– Browallia speciosa

Der kleine, reichblühende Halbstrauch aus Südamerika wird bei uns meistens als einjährige Pflanze angeboten. Die blauvioletten Blüten haben einen weißen Schlund und blühen den ganzen Sommer.

PFLEGE Während der Blütezeit wöchentlich düngen. Mäßig warmer Standort und gleichmäßig gießen, Staunässe vermeiden. Welke Blüten ausputzen. Nach der Blütezeit entsorgen, eventuell Stecklinge kultivieren. LICHT Sehr hell, keine direkte Sonne. WASSER Mäßig gießen.

ZIMMER-ALPENVEILCHEN, PERSISCHES ALPENVEILCHEN

– Cyclamen persicum

Die außergewöhnlich geformten Blüten gibt es in vielen Farben, manchmal zweifarbig oder auch mit gefransten Rändern. Im Handel werden auch Miniaturformen angeboten. Die herzförmigen Blätter sind wunderschön gezeichnet und wachsen aus einer flachen Knolle.

PFLEGE Kühler Standort bei etwa 15 °C. In der Blütezeit alle 14 Tage düngen, während der Wachstumsperiode einmal in der Woche. Nach der Blütezeit sparsamer gießen, bis die Blätter abgeworfen werden. Die Knolle trocken halten und nach einer vierwöchigen Ruhephase erneut zum Austrieb anregen. LICHT Sehr hell, keine direkte Sonne. WASSER Mäßig feucht halten, Gießwasser in den Untersetzer geben und zeitnah abgießen.

FUCHSIE

– Fuchsia

Farbige Kelch- und Kronblätter umgeben die hängenden Blüten, aus denen lange Staubblätter ragen. Sie blüht lange und reichlich. Ab Mitte Mai kann sie im Freien stehen. Unkompliziert zu vermehren.

PFLEGE Kühler Standort. Im Frühjahr und Sommer wöchentlich düngen. Im Sommer steht sie am liebsten im Freien an einem kühlen, absonnigen Platz. Vor dem Winter zurückschneiden und frostfrei überwintern. Im April umtopfen und zum Austrieb anregen. LICHT Halbschatten, Schatten. WASSER Stets mäßig feucht halten.

DREHFRUCHT, STREPTOCARPUS

– Streptocarpus

Eine anspruchslose Zimmerpflanze, die lange mit ihren schön gezeichneten Blüten erfreut. Es gibt schöne Hybriden mit zweifarbigen Blüten und oft großen Blättern. Unkompliziert durch Blattstecklinge zu vermehren.

PFLEGE Mäßig warmer Standort. Im Winter kühl bei 12–15 °C halten und Gießen einschränken. Ideal ist ein Platz vor einem Ostfenster. Im Sommer alle 14 Tage düngen. Welke Blütenstände entfernen. LICHT Halbschatten. WASSER Mäßig feucht halten, von unten gießen.

STERN-GLOCKENBLUME

– Campanula isophylla

Diese kleine Pflanze bildet viele sternförmige weiße, violette oder hellblaue Blüten. Sie hat einen dichten Wuchs und blüht den ganzen Sommer. Jedes Jahr übertrifft sie sich mit ihrem Blütenreichtum. Besonders dekorativ wirkt sie in einer Blumenampel.

PFLEGE Kühler Standort. In der Wachstumsperiode wöchentlich düngen. Im Herbst zurückschneiden, kühl und frostfrei bei 7–12 °C überwintern. Im Frühjahr wieder zum Austrieb anregen. LICHT Sehr hell, keine pralle Sonne. WASSER Stets mäßig feucht halten.

KALANCHOE

– Kalanchoe

Von dieser sukkulenten Pflanze gibt es verschiedene schöne Hybriden mit hellroten, röhrenförmigen Blüten. Bei ‘Magic Bells’ wachsen sie aus hellgrünen, laternenförmigen Kelchen, an denen man lange Freude hat.

PFLEGE Ziemlich warmer Standort. In der Wachstumsperiode einmal im Monat düngen. Im Winter Ruhephase von sieben Wochen (nicht unter 12 °C), die Pflanze bildet dann neue Knospen aus. LICHT Direkte Sonne. WASSER Sparsam gießen.

CHRYSANTHEME

– Dendranthema

Die üppig blühenden Topf-Chrysanthemen sind farbenfrohe Herbstblüher, die mittlerweile das ganze Jahr erhältlich sind. Es gibt viele Hybriden in den schönsten Farben und Formen.

PFLEGE Kühler bis mäßig warmer Standort. In der Blütezeit alle 14 Tage düngen. Welke Blüten ausputzen. Nach der Blütezeit entsorgen oder versuchen, sie zu überwintern (nicht unter 5 °C). LICHT Sehr hell, keine direkte Sonne. WASSER Mäßig feucht halten.

BECHERPRIMEL

– Primula obconica

Rundliche Blätter und farbenfrohe Blüten, oft mit einem weißen Blütenblattrand. Ältere Exemplare blühen stets farbintensiver. Bei manchen Menschen löst der Kontakt Hautirritationen aus. *P. vulgaris* ist eine Gartenpflanze, die zeitweise im Zimmer kultiviert werden kann.

PFLEGE Kühler Standort (12–15 °C) mit hoher Luftfeuchtigkeit. In der Wachstumsperiode wöchentlich düngen (halbe Dosierung). Welke Blüten ausputzen. Ab Mitte Mai ins Freie stellen, im Herbst bekommt sie wieder einen Platz in der Wohnung. Kühler und heller Standort, bis sie wieder Blüten ansetzt. LICHT Sehr hell, keine pralle Sonne. WASSER Reichlich gießen, vorzugsweise in den Untersetzer.

TOPFROSE, CHINA-ROSE

– Rosa chinensis

Bezaubernde, dichtgefüllte Röschen in den schönsten Farben. Dieser grazile Rosenstrauch hat kleine Blüten und ist für die Zimmerkultur geeignet. Er blüht mehrere Monate. Schwierig als ausdauernde Pflanze zu kultivieren.

PFLEGE Kühler bis mäßig warmer Standort. In der Wachstumsperiode alle 14 Tage düngen. Welke Blüten ausputzen. Um die Pflanze im Folgejahr zum Austrieb anzuregen, braucht sie eine kühle Ruhephase im Winter und einen Rückschnitt im Frühjahr. LICHT Direkte Sonne. WASSER Mäßig feucht halten.

USAMBARAVEILCHEN

– Saintpaulia

Die dunkelgrünen Blätter sind samtig weich behaart. Die *S.* Ionantha-Hybriden haben dunkelgrüne, samtig weich behaarte Blätter. Sie werden zweifarbig, mit einfachen oder gefüllten Blüten, gefransten Blütenblatträndern und auch als Miniaturformen angeboten. Sie blühen das ganze Jahr hindurch. Einfache Vermehrung mit Blattstecklingen.

PFLEGE Mäßig warmer bis warmer Standort. Im Winter an kühleren Platz stellen, nicht unter 16 °C. In der Wachstumsperiode einmal im Monat düngen. Blätter vertragen keine Tropfnässe. Welke Blüten ausputzen. LICHT Halbschattig bis sehr hell, keine pralle Sonne. WASSER Mäßig feucht halten, vorzugsweise mit Regenwasser.

WASSERAKAZIE, MIMOSE DER VIER JAHRESZEITEN
– Acacia retinodes

Dieser dichtverzweigte Strauch aus Australien hat flauschige, gelbe, herrlich duftende Blüten. Meistens zur Osterzeit im Handel. Kann im Sommer an einem warmen, geschützten Platz im Freien stehen.

PFLEGE Mäßig warmer bis warmer Standort. In der Wachstumsperiode alle 14 Tage düngen. Erneute Blüte nur nach kühler Überwinterung (4–6 °C), Gießen einschränken, aber das Substrat nicht austrocknen lassen. LICHT Direkte Sonne. WASSER Reichlich gießen.

GARDENIE, KAPGARDENIE
– Gardenia jasminoides

Die angenehm duftenden, weißen Blüten kontrastieren wunderschön mit den glänzenden, dunkelgrünen Blättern. Die Blüten sind gefüllt und ähneln denen der Rose. Blüht den ganzen Sommer und kann in dieser Zeit im Freien stehen.

PFLEGE In der Wachstumsperiode mäßig warmer Standort (16–24 °C). Alle 14 Tage düngen. Kühl überwintern (nicht unter 12 °C). Wenn Blütenknospen erscheinen, wärmerer Platz, jedoch nicht über 17 °C, um Knospenabwurf zu vermeiden. Wärmerer Standort während der Blütezeit. LICHT Sehr hell, keine direkte Sonne. WASSER Stets mäßig feucht halten, Regenwasser verwenden.

ECHTER JASMIN, WEISSER JASMIN

– Jasminum officinale

Diese schnell wachsende, üppig blühende Kletterpflanze bildet weiße, süßlich duftende Blüten aus rosa Knospen. Die rankenden Triebe benötigen eine Kletterhilfe. Steht im Sommer am besten im Freien.

PFLEGE Kühler bis mäßig warmer Standort. Im Sommer wöchentlich düngen. Zu Winterbeginn zurückschneiden und kühl überwintern (5–8 °C). Im Frühjahr umtopfen und zunächst an kühlen Platz stellen. **LICHT** Direkte Sonne, Halbschatten. **WASSER** Reichlich gießen, im Winter trockener halten.

DUFTPELARGONIE, DUFTGERANIE

– Pelargonium

Reiben Sie die Blätter vorsichtig zwischen Ihren Fingern und genießen Sie den schönen und kräftigen Duft, den sie verströmen. *P. graveolens* (Rosenpelargonie) duftet blumig, *P. × fragrans* würzig nach Muskat. Edelpelargonien und *P.* Zonale-Hybriden haben wunderschöne Blüten, duften aber nicht. Kann im Sommer im Freien stehen.

PFLEGE In der Wachstumsperiode alle 14 Tage düngen. Im Winter trockener halten und kühler stellen (nicht unter 5 °C). Im Frühjahr zurückschneiden und zum Austrieb anregen. **LICHT** Direkte Sonne. **WASSER** Mäßig feucht bis ziemlich trocken halten.

KRANZSCHLINGE

– Stephanotis floribunda

Diese Kletterpflanze wächst in den Bergregionen Madagaskars und schlingt sich dort mit Lianen von bis zu 5 m Länge an Bäumen empor. Ihre doldenförmigen Blütenstände tragen weiße, duftende Blüten. Die langen Ranken benötigen eine Kletterhilfe.

PFLEGE Mäßig warmer bis warmer Standort. Im Sommer alle 14 Tage düngen und für eine hohe Luftfeuchtigkeit sorgen. Für die Ausbildung neuer Blütenknospen benötigt sie im Winter eine kühle (13–15 °C) und trockenere Ruhephase. Wenn Blütenknospen erscheinen, nicht neu ausrichten. **LICHT** Sehr hell, keine pralle Sonne. **WASSER** Reichlich gießen.

ANANAS

– Ananas comosus

Die zu den Bromeliengewächsen gehörende Ananas hat schmale, lanzettliche Blätter und wohlschmeckende Früchte. 'Pacifico' (Abbildung) eignet sich für die Zimmerkultur. Diese Sorte hat dunkle Blätter und rote Früchte, die allerdings nicht zum Verzehr geeignet sind.

PFLEGE Warmer Standort, im Winter nicht unter 18 °C. Gießwasser direkt in den Pflanzentrichter und auf das Substrat geben. Blüht nur einmal, die Blattrosette stirbt danach ab. Vermehrung durch Kindel, das auf der Frucht wächst. LICHT Sehr hell, keine direkte Sonne. WASSER Mäßig feucht halten.

KÄNGURUBLUME

– Anigozanthos flavidus

Diese exotische Pflanze aus Australien hat lange, schmallanzettliche Blätter. Ihre ungewöhnlichen Blütenstände sind behaart und erinnern an Kängurupfoten. Sie bleibt lange dekorativ. Kann im Sommer auch im Freien stehen.

PFLEGE Kühler bis mäßig warmer Standort, im Winter kühler (10–12 °C) und trockener halten. Alle 14 Tage etwas düngen. LICHT Direkte Sonne, pralle Sonne abschatten. WASSER Stets mäßig feucht halten.

PRACHT-BOUGAINVILLEA

– Bougainvillea spectabilis

Diese subtropische Kletterpflanze hat nur sehr kleine, weiße Blüten, doch ihre farbenprächtigen Hochblätter faszinieren dafür umso mehr. Die Farbpalette reicht von Weiß bis Orange über Rot bis Violett. Kann im Sommer ins Freie gestellt werden.

PFLEGE Kühler bis mäßig warmer Standort, Kletterhilfe verwenden. In der Wachstumsperiode alle 14 Tage düngen. Kühler überwintern, nicht unter 7 °C und ziemlich trocken halten. Die Pflanze wirft ihre Blätter in der Ruhephase ab. Im Februar zurückschneiden und umtopfen. LICHT Direkte Sonne. WASSER Reichlich gießen.

PARADIESVOGELBLUME
– Strelitzia reginae

Die Blätter dieser großen Pflanze aus Südafrika erinnern an die der Bananenpflanze. Ältere Exemplare faszinieren mit ihrer außergewöhnlichen Blütenform, der die Pflanze ihren Namen verdankt. Die beeindruckenden Blütenstände leuchten mit ihren orangefarbenen Kelchblättern und schmalen Kronblättern in kräftigem Blau.

PFLEGE Mäßig warmer Standort, großes Pflanzengefäß verwenden. Im Sommer alle 14 Tage düngen. Um den Austrieb neuer Blütenschäfte anzuregen, braucht die Pflanze im Winter einen kühleren Platz (8–12 °C) und weniger Wasser. LICHT Direkte Sonne. WASSER Reichlich gießen.

FRANGIPANI
– Plumeria rubra

Die wunderschönen Blüten der Frangipani sind in den Tropen sehr beliebt. Die Pflanze ist etwas anspruchsvoller in der Pflege, aber die Mühe wird mit herrlich duftenden Blüten belohnt. Auch zweifarbig erhältlich. Auch als Kübelpflanze gut geeignet.

PFLEGE Warmer Standort, Trockenheit verträgt sie recht gut. In der Wachstumsperiode alle 14 Tage etwas düngen. Im Winter bei ungefähr 12 °C kühler halten und sparsam gießen. Die Pflanze wirft ihre Blätter in der Ruhephase ab. Anfang April zurückschneiden und umtopfen. LICHT Direkte Sonne, pralle Sonne abschatten. WASSER Mäßig feucht halten, das Substrat zwischen den Wassergaben antrocknen lassen.

III

ZIMMERPFLANZEN KNOW HOW

LICHT UND TEMPERATUR

LICHT

Alle Pflanzen brauchen Licht zum Leben, die einen etwas mehr, die anderen weniger. Bei den Pflanzenbeschreibungen finden Sie hierzu: sonnig, halbschattig und schattig.

- Sonnig bedeutet direkte Sonne, zum Beispiel an einem Südfenster. Oft finden Sie den Hinweis: »Sehr hell, keine direkte Sonne«. In diesem Fall dürfen die grellen Sonnenstrahlen nicht auf die Pflanze scheinen, da ihre Blätter sonst verbrennen können. In diesem Fall schatten Sie das Sonnenlicht ab oder platzieren die Pflanze etwa 2 bis 3 m vom Fenster entfernt. Junge Pflanzen kommen mit direktem Sonnenlicht gut zurecht, wenn sie allmählich daran gewöhnt werden. Vor allem deren Blätter vertragen direkte Sonne dann viel besser.
- Stehen Pflanzen halbschattig, erhalten sie nur morgens oder abends Sonne oder das Sonnenlicht wird gefiltert. Diese Pflanzen fühlen sich vor einem Ost- oder Westfenster am wohlsten. Zu einem Südfenster brauchen sie 3 bis 4 m Abstand.
- An schattigen Standorten fällt nie direktes Sonnenlicht auf die Pflanzen. Wählen Sie deshalb einen Platz vor einem Nordfenster oder in 4 bis 5 m Abstand zu einem Fenster mit anderer Ausrichtung.

PFLANZENLAMPEN

Wenn es an Licht mangelt, erweisen sich künstliche Lichtquellen als gute Helfer, sie sind auch mit energiesparenden LEDs erhältlich. Die Lampen wurden speziell für Pflanzen und deren benötigtes Lichtspektrum entwickelt. Herkömmliche Lampen erfüllen diesen Zweck nicht. Sie sind immer eine zusätzliche Lichtquelle und ersetzen nicht das natürliche Licht. Wichtig ist der richtige Abstand zur Pflanze, um möglichst alle Blätter zu erreichen.

TEMPERATUR

Jede Pflanze benötigt für ihr Wachstum eine Mindesttemperatur. In einer Wohnung liegt die Temperatur tagsüber zwischen 18 und 24 °C, nachts kühlt es um einige Grade ab. Die meisten Zimmerpflanzen fühlen sich unter diesen Bedingungen sehr wohl, vor allem tropische Pflanzen. Große Temperaturschwankungen und Luftzug bekommen ihnen dagegen überhaupt nicht. Mit einem Minimum-Maximum-Thermometer lässt sich die Temperatur ganz genau ermitteln. Bei den Pflanzenbeschreibungen finden Sie dazu folgende Informationen:

- Kühler Standort: nicht unter 3–10 °C;
- Mäßig warmer Standort: nicht unter 10–16 °C;
- Warmer Standort: nicht unter 16–20 °C.

GIESSEN

GIESSEN

Pflanzen brauchen Wasser, um zu wachsen, die Temperatur zu regulieren, Stabilität zu bekommen und um Nährstoffe aus dem Boden zu den Blättern zu transportieren. Eine ausreichende Versorgung mit Wasser ist deshalb für jede Pflanze lebenswichtig. Gießen Sie den Topfballen daher ein- bis zweimal pro Woche mit einer Gießkanne. Während Ihres Urlaubs können praktische Bewässerungskugeln, Systeme für Tropfbewässerung und andere Verfahren die Wasserversorgung für Sie übernehmen. Wie viel Wasser eine Pflanze beispielsweise in einer Woche benötigt, lässt sich nicht exakt festlegen. Dies hängt von verschiedenen Faktoren ab, wie unter anderem Pflanzen- und Gefäßgröße oder Standort. Bei den Pflanzenbeschreibungen finden Sie zu den Wassergaben folgende Hinweise:

- Reichlich gießen: großzügig wässern. Bei »Gleichmäßig feucht halten« muss das Substrat immer gut durchfeuchtet sein.
- Mäßig gießen: Das Substrat kann zwischen zwei Wassergaben antrocknen.
- Sparsam gießen: Das Substrat kann recht trocken sein, darf aber nie völlig austrocknen.

TAUCHEN

Für manche Zimmerpflanzen ist das regelmäßige Tauchen ihres Wurzelballens die reinste Wohltat, beispielsweise für Azaleen oder Orchideen. Der ganze Wurzelballen wird im Kulturgefäß so lange ins Wasser getaucht, bis keine Luftbläschen mehr aufsteigen. Lassen Sie überschüssiges Wasser anschließend gut ablaufen. Das Substrat wird gut gereinigt, da überschüssige Salze und andere schädliche Stoffe ausgespült werden.

ZU VIEL ODER ZU WENIG WASSER

Zu viel Wasser ist für die Pflanze schädlicher als zu wenig. Was Zimmerpflanzen überhaupt nicht mögen, ist anhaltende Staunässe. Diese entsteht, wenn das Gefäß wasserdicht ist oder zu lange Wasser im Untersetzer zurückbleibt. Manche Pflanzenarten haben empfindliche Blätter, wie beispielsweise Usambaraveilchen, die keinen direkten Kontakt mit Gießwasser tolerieren. Hier wird empfohlen, direkt in den Untersatz zu gießen. Doch ob Gefäß oder Untersetzer, überschüssiges Wasser sollte immer zeitnah, spätestens nach 30 Minuten entfernt werden. Ein Feuchtigkeitsmesser hilft, den Feuchtigkeitsgrad des Substrats zu bestimmen, auch in der unteren Schicht. Er wird ins Substrat gesteckt und zeigt an, wie trocken oder feucht es ist.

WASSER UND LUFTFEUCHTE

WASSERQUALITÄT

Leitungswasser ist für die meisten Zimmerpflanzen ungeeignet, da es häufig zu viel Kalk enthält oder zu hohe Salzgehalte aufweist. Der °dH-Wert (Grad deutscher Härte) ist dann so hoch, dass es für viele Pflanzen schädlich ist. Die Wasserhärte lässt sich mittels spezieller Teststreifen, die im Aquarienfachhandel erhältlich sind, selbst bestimmen oder online bei kommunalen Wasserversorgern abfragen. Bis 8 °dH ist das Wasser weich, bis 12 °dH mittelhart und damit für die meisten Zimmerpflanzen immer noch zu kalkhaltig. Bei mehr als 18 °dH ist das Wasser sehr hart. Leitungswasser lässt sich enthärten, aber Regenwasser ist immer die bessere Alternative. Wer eine Regentonne aufstellen kann, um das von Natur aus weiche Wasser aufzufangen, sollte dies daher tun. Generell sollte Gießwasser immer Zimmertemperatur haben.

LUFTFEUCHTIGKEIT

Pflanzen aus den (sub-)tropischen Regionen, die wir als Zimmerpflanzen kultivieren, sind an hohe Luftfeuchtigkeit gewöhnt. Im Winter sorgt Heizungswärme in unseren Wohnungen für besonders trockene Luft. Für Pflanzenarten, die viel Feuchtigkeit über ihre Blätter verdunsten, ist das nachteilig. Auch Radiatoren, die direkt unter dem Fenster angebracht sind, setzen Pflanzen ständig warmer und trockener Luftströmung aus. Ein Unterflur-Bodenkonvektor in Fensternähe hat den gleichen ungünstigen Effekt. Stellen Sie die Pflanze nicht auf das Abdeckgitter, sondern einige Meter in den Raum hinein. Mit einem Hygrometer können Sie die Luftfeuchtigkeit in Ihrer Wohnung bestimmen. Unter 50 % ist niedrig, 50–60 % ist mäßig und über 60 % ist hoch. Im Winter kann die Luftfeuchtigkeit in unseren Wohnräumen auf 30 % sinken, Pflanzen haben damit ihre Schwierigkeiten. Aber auch für uns Menschen ist das nicht gesundheitsfördernd, wir merken das oft an trockenen Schleimhäuten. Den Pflanzen hilft regelmäßiges Besprühen der Blätter, am besten mehrmals am Tag. Eine Schale mit Wasser, unter eine Pflanze gestellt, kann direkt helfen, vor allem bei kleineren Pflanzen. Streuen Sie eine Schicht Blähtonkugeln oder Kies in diese Schale und sorgen Sie dafür, dass sich immer etwas Wasser darin befindet, allerdings dürfen die Wurzeln der Pflanze nicht mit dem Wasser in Kontakt kommen.
Elektrische Luftbefeuchter sind die beste Lösung. Wenn die Raumluft eine zu niedrige Feuchtigkeit aufweist, hilft das, um das Wohlbefinden der Pflanzen zu erhöhen.

KANNENPFLANZE

DRACHENBAUM, GLÜCKSKASTANIE UND FIEDERARALIE

GEFÄSSE UND SUBSTRATE

PFLANZGEFÄSSE

Die Auswahl an Pflanzgefäßen für Innenräume ist riesig. Im Prinzip ist jedes Gefäß für die Kultivierung von Zimmerpflanzen geeignet, egal, ob aus Keramik, Ton, Glas oder Kunststoff. Wichtig ist, dass es groß genug ist und der Pflanze Platz zum Wachsen lässt. Zudem ist es lebenswichtig, dass das Wasser gut ablaufen kann, sonst »ertrinkt« die Pflanze. Alle Gefäße müssen daher Löcher für den Wasserablauf haben. Damit sie in der Wohnung keinen Schaden anrichten, stellt man sie auf Untersetzer oder in wasserdichte Übertöpfe und gießt abgelaufenes Wasser zeitnah ab. Soll die Pflanze direkt in ein wasserdichtes Gefäß getopft werden, verwenden Sie einen Feuchtigkeitsmesser. Dieser zeigt an, wie feucht oder trocken das Substrat ist. Eine gute Lösung sind Gefäße mit integrierten Wasserspeicher.

ERDSUBSTRATE

Fast alle Zimmerpflanzen wachsen problemlos in Universalsubstrat, die hauptsächlich aus aufgekalktem und -düngtem Torf bestehen. Ihre Qualität lässt sich verbessern, indem zum Beispiel Ton zugefügt wird. Dadurch steigt das Puffervermögen. Für bestimmte Pflanzengruppen gibt es spezielle Mischungen, wie unter anderem für Orchideen, Kakteen und Palmen.

DÜNGEN

Die Wachstumsphase von Zimmerpflanzen dauert meistens von März bis Oktober. In dieser Zeit benötigen sie regelmäßig etwas Dünger. Pflanzen, die eine winterliche Ruhephase brauchen, werden in dieser Zeit nicht gedüngt. Flüssigdünger ist am einfachsten zu verabreichen, wenn er dem Gießwasser zugefügt wird. Beachten Sie bei der Dosierung die Produkthinweise. Dosieren Sie lieber niedriger und düngen dafür häufiger.

KOKEDAMA SELBER MACHEN

Der Wurzelballen der Pflanze muss so klein wie möglich sein. Mischen Sie das Erdsubstrat mit Bonsaierde und fügen etwas Wasser zu, formen Sie daraus eine Kugel so groß, dass die Wurzeln genügend Platz darin finden. Wickeln Sie nun eine Schicht *Sphagnum* (Torfmoos) um die Wurzeln, bis ein kleines, kompaktes Paket entsteht. Drücken Sie ein Loch in die Kugel und setzen Sie das Wurzelpaket vorsichtig hinein. Die Kugel kann auch direkt um das Wurzelpaket modelliert werden. Umwickeln Sie die Kugel anschließend mit Moos und fixieren Sie sie mit einem Strick oder Draht, sodass das Moos fest anliegt. Wässern Sie die Kugel in einem Tauchbad, bis keine Luftbläschen mehr aufsteigen.

HYDROKULTUR ODER VERTIKAL

HYDROKULTUR

Zimmerpflanzen müssen nicht unbedingt in Erdsubstrat kultiviert werden. Sie kommen auch gut mit Wasser zurecht, solange dieses genug Nährstoffe enthält. Die Wurzeln brauchen jedoch Sauerstoff und etwas, woran sie sich festhalten können, beispielsweise an Blähtonkugeln. Diese Form der Pflanzenkultivierung wird Hydrokultur genannt. Sie ist für alle Pflanzen empfehlenswert, nur Sukkulenten und Kakteen wachsen lieber in Erdsubstrat. Ein Vorteil von Hydrokultur ist, dass weniger häufig gegossen und gedüngt werden muss. Es gibt spezielle Gefäße, in denen sich die Blähtonkugeln meistens in einem Innengefäß befinden. Der Wasserstandsanzeiger ist in einem Außengefäß untergebracht, er zeigt den niedrigsten und höchsten Wasserstand an. So wissen Sie ganz genau, wann die Pflanzen wieder durstig sind und können angepasst gießen. Leitungswasser ist für diese Pflanzenhaltung am besten geeignet. Ihre Pflanzen danken es Ihnen, wenn Sie ihnen außerdem speziellen Dünger für Hydrokultur geben. Wachsen Pflanzen im Wasser, formen sie andere Wurzeln. Kaufen Sie deshalb am besten spezielle Hydrokulturpflanzen, denn diese wurden in Wasser kultiviert und haben spezielle Wasserwurzeln entwickelt.

SEMI-HYDROKULTUR

Bei Semi-Hydrokultur wächst die Pflanze in Erdsubstrat. In ein wasserdichtes Gefäß wird eine Schicht Blähtonkugeln gegeben und mit Vlies abgedeckt, damit das Substrat nicht mit dem Blähton in Kontakt kommt. Der Wasserstandsanzeiger wird in das Substrat gesteckt und Gießwasser in den Füllschacht gegeben. Die Wurzeln können sich so mit Wasser aus dem feuchten Vlies versorgen.

VERTIKALE SYSTEME

Eine grüne Pflanzenwand ist ein Blickfänger in der Raumgestaltung und bietet Platz für viele Pflanzen. Das kann ein kleines Pflanzenbild oder sogar eine komplette grüne Wand sein. Das System für eine vertikale Bepflanzung besteht aus kleinen Töpfen und Säckchen, die mit Substrat gefüllt werden. Für die richtige Menge Feuchtigkeit sorgt ein integriertes automatische Bewässerungssystem.

UMTOPFEN

UMTOPFEN

Die Wurzeln von Topfpflanzen stoßen irgendwann an ihre Grenzen, sie können sich nicht selbst mit Platz und neuen Nährstoffe versorgen, zudem lagern sich mit dem Gießwasser und Dünger schädliche Salze im Boden ab. Deshalb ist es notwendig, Pflanzen regelmäßig umzutopfen und mit frischem Substrat zu versorgen. Bereits beim Kauf einer Pflanze ist ihr Kulturtopf schon fast zu klein, es ist daher ratsam, sie direkt in ein größeres Gefäß umzusetzen. Pflanzen, die langsam wachsen, benötigen etwa alle zwei bis drei Jahre ein etwas größeres Gefäß, bei schnell wachsenden Pflanzen ist das schon nach einem Jahr erforderlich. Wächst eine Pflanze nicht mehr oder drücken die Wurzeln gegen die Gefäßwand, ist es höchste Zeit für ein größeres Gefäß. Der Wurzelballen sollte in seinem neuen Zuhause rundum 2–3 cm mehr Platz haben, es kann aber auch etwas mehr sein. Verwenden Sie immer frisches Substrat und warten Sie etwa sechs Wochen bis zur ersten Düngergabe. Für das Umtopfen lassen Sie den Wurzelballen erst etwas antrocknen. Lösen Sie ihn danach vorsichtig aus dem Kulturtopf, ohne Wurzeln dabei zu beschädigen. Im neuen Topf wird so viel Substrat eingefüllt, dass die Pflanze auf der gleichen Höhe wie im alten Gefäß steht. Anschließend wird das Gefäß bis etwa 2 cm unterhalb des Gefäßrandes mit Substrat aufgefüllt, das erleichtert das Gießen. Drücken Sie das Substrat entlang des Gefäßrandes gut mit den Fingern an und wischen Sie zum Schluss die Blätter mit einem feuchten Tuch ab. Das Frühjahr ist für das Umtopfen die beste Zeit, doch wenn es dringend nötig ist, kann es auch in einer anderen Jahreszeit sein. Blühende Zimmerpflanzen werden immer nach der Blütezeit umgetopft.

KRANKHEITEN

Wenn Pflanzen nicht das erhalten, was sie benötigen, werden sie anfällig für Krankheiten. Es können sich Pilzkrankheiten ausbreiten, die Pflanzen werfen Blätter ab oder sie werden von Schädlingen befallen. Das ist ein Zeichen dafür, dass etwas mit der Pflege oder dem Standort nicht stimmt. Schauen Sie daher als Erstes, was hier verbessert werden kann. Geben Sie der Pflanze einen anderen Platz oder topfen Sie sie in ein größeres Gefäß um. Entfernen Sie betroffene Blätter und duschen Sie die Pflanze mit lauwarmem Wasser ab. Sie können auch ein Insektizid benutzen, doch wenn die Pflegeansprüche nicht erfüllt werden, wird die Pflanze nie vollkommen gesund werden.

PFLANZEN SELBST VERMEHREN

TEILEN

Beim Umtopfen können Sie die Gelegenheit nutzen und Pflanzen, die mehrere Sprosse haben, teilen. Nehmen Sie die Pflanze aus dem Topf und teilen Sie den Wurzelballen vorsichtig in kleinere Stücke, nutzen Sie gegebenenfalls ein scharfes Messer zum Durchtrennen der Wurzeln. Die Teile, die eingepflanzt werden, sollten mindestens einen Spross und eigene Wurzeln haben.

VERMEHREN DURCH STECKLINGE

Mit ein wenig Sorgfalt können Sie fast jede Zimmerpflanze selbst vermehren.

• Kopfsteckling oder Triebsteckling. Bei der Anzucht mit Kopfstecklingen wird der obere Teil des Triebes verwendet. Schneiden Sie diesen mit einem scharfen Messer ungefähr 1 cm unterhalb eines Blattknotens ab. Entfernen Sie dann die untersten Blätter und kürzen große Blätter bis zur Mitte ein. Tauchen Sie die Schnittstelle des Stecklings in Bewurzlungspulver, um die Wurzelbildung zu fördern. Stecken Sie ihn anschließend in ein kleines Gefäß mit Anzuchterde, gießen Sie an und stülpen eine durchsichtige Plastiktüte über das Gefäß, wenn nötig, stabilisieren Sie den Steckling mit zwei Stöckchen. Alternativ verwenden Sie einen kleiner Anzuchtkasten mit Abdeckklappe. Stellen Sie das Gefäß an einen hellen Platz, aber nicht in die direkte Sonne. Die Erde immer mäßig feucht, aber nicht zu nass halten. Mit Wärme von unten bewurzeln die Pflanzen besonders gut.

• Blattsteckling. Bei manchen Pflanzenarten, wie Begonien oder Usambaraveilchen, bildet auch ein Blatt mit Stielansatz neue Wurzeln. Bei der Henne mit Küken wachsen sogar kleine, bereits bewurzelte Brutpflanzen direkt auf dem Blatt.

• Augensteckling. Der Trieb wird unterhalb und oberhalb eines Blattes durchgeschnitten. Die Schnittflächen werden mit etwas Bewurzlungspulver bestäubt und das Blatt wird aufgerollt, um die Verdunstung zu reduzieren. Die Verdickung, aus der das Blatt entspringt (Auge), wird zur Wurzelbildung in Anzuchterde gesteckt.

AUSSAAT

Sehr viele Zimmerpflanzen können Sie unkompliziert selbst aussäen. Saatgut lässt sich bequem mit der Post verschicken und so können Sie Samen außergewöhnlicher Pflanzen aus der ganzen Welt zu sich nach Hause kommen lassen. Die Saat wird in ein Schälchen mit Anzuchterde gestreut und in ein elektrisch beheizbares Zimmergewächshaus gestellt. Wenn die Jungpflanzen jeweils zwei Blattpaare entwickelt haben, können sie in kleinere Gefäße pikiert werden.

ERSTE HILFE BEI PROBLEMEN

DIE BLÄTTER WERDEN IMMER BLASSER

Wenn Blätter immer blasser werden, kann das Gießwasser zu viel Kalk enthalten. Verwenden Sie ab jetzt Regenwasser. Eine andere Ursache kann ein zu dunkler Standort sein.

DIE BLÄTTER WERDEN GELB

Oft ist das Substrat zu trocken oder der Standort ist zu warm oder zu kalt. Färben sich die Blätter vor allem zwischen den Blattadern gelb, liegt das meistens am zu kalkhaltigen Gießwasser, dessen pH-Wert zu hoch ist. Gießen Sie die Pflanze fortan mit Regenwasser. Auch ein Nährstoffmangel kann der Grund dafür sein.

BUNTE BLÄTTER WERDEN GRÜN

Wenn schöne bunte oder farbige Blätter grün werden, bekommt die Pflanze zu wenig Licht. Stellen Sie sie dann an einen helleren Platz.

DIE BLÄTTER ROLLEN SICH EIN

Die Ursache kann zu häufiges Düngen sein. Nehmen Sie die Pflanze aus dem Gefäß, spülen Sie die Wurzeln ab und pflanzen Sie sie in frisches Substrat. Auch zu trockenes Substrat kann dafür verantwortlich sein. Gönnen Sie in diesem Fall dem Wurzelballen ein Tauchbad. Kontrollieren Sie die Pflanze auch nach Schädlingen.

DIE BLÄTTER FALLEN AB

Das kann passieren, wenn die Pflanze zu viel oder zu wenig gegossen wird. Benutzen Sie ein Feuchtigkeitsmesser, um die Pflanze mit der richtigen Menge Wasser zu versorgen. Auch ein zu warmer Platz im Winter, zu wenig Licht, ein neuer Standort oder eine Krankheit können Ursachen für Blattabwurf sein.

GELBE ODER BRAUNE FLECKEN AUF DEN BLÄTTERN

Meistens wird die Pflanze dann zu unregelmäßig gegossen. Auch zu intensive Lichteinstrahlung kann dazu führen, dass sich Blätter erst gelb und dann braun verfärben, sie verbrennen. Schatten Sie in diesem Fall den Standort der Pflanze ab. Sind vor allem die Blattränder braun, erhöhen Sie die Düngerintervalle.

WEISSE FLECKEN AUF DEN BLÄTTERN

Hierbei handelt es sich häufig um Mehltau, eine durch Pilze verursachte Pflanzenkrankheit. Schwarze Flecken können durch Rußtau hervorgerufen werden. Schütteln Sie die alte Erde ab und topfen Sie die Pflanze in neues Substrat. Sie können die Pflanze auch mit einem biologischen Pilzbekämpfungsmittel (Fungizid) behandeln. Mit einer Lupe lässt sich genau sehen, ob unter dem Blatt feines Gespinst sitzt. Sind zudem auch Schädlinge vorhanden, besprühen Sie die Pflanze häufig.

DIE BLÄTTER HÄNGEN SCHLAFF HERUNTER

Der Pflanze ist es zu kalt oder zu trocken. Auch Wurzelfäule aufgrund von Staunässe kann die Ursache sein. Wenn Ihnen richtiges Gießen nicht gelingt, leisten Hydrokultur oder Pflanzengefäße mit integriertem Wasserspeicher gute Dienste.

SCHÄDLINGE AUF DER PFLANZE

Die Blätter können von Läusen oder (Spinn-) Milben befallen sein. Läuse hinterlassen klebrige Ausscheidungen, Spinnmilben weben ein feines Gespinst und manchmal sitzen auf den Blättern weiße oder braune Häufchen. Diese Plagegeister ernähren sich am liebsten von weichen, schlaffen Blättern, in die sie leicht hineinbeißen können. Schlaffe Triebe wachsen oft im Winter, wenn die Pflanze zu warm steht. Stellen Sie die Pflanze kühler, sodass sie wieder Kräfte sammeln kann.

DIE PFLANZE WÄCHST SCHIEF

Um zu vermeiden, dass die Pflanze schief zum Licht wächst, kann sie regelmäßig etwas neu ausgerichtet werden. Ausgenommen sind blühende Pflanzen, denn diese reagieren darauf oft mit Knospenabwurf. Noch besser wäre ein hellerer Standort oder mehr Licht mithilfe einer Pflanzenlampe.

DIE PFLANZE WÄCHST NICHT MEHR

Mit der Zeit können mit dem Gießwasser zu viel Salze in die Erde gelangen oder das Gefäß zu klein geworden sein. Hier helfen das Abspülen des Wurzelballens, anschließendes Umtopfen und weiteres Gießen mit Regenwasser.

KEINE BLÜTE IM FOLGEJAHR

Viele blühende Zimmerpflanzen benötigen eine kühle Ruhephase, um die Knospenbildung neu anzuregen. Die Pflanze hat also wahrscheinlich zu warm gestanden und wurde zu viel gegossen.

DIE GANZE PFLANZE WIRD SCHLAFF

Wenn Triebe und Blätter verwelken, kann das auf Wurzelfäule zurückzuführen sein. Verursacht wird diese häufig durch Staunässe oder zu kaltes Substrat. Nehmen Sie die Pflanze aus dem Kulturtopf und prüfen Sie, ob es Wurzeln gibt, die eine rötlich-braune Farbe haben und sich weich anfühlen. Entfernen Sie diese faulen Wurzeln und topfen Sie die Pflanze um.

ZIMMERPFLANZEN IM BUCH

DIE BESTEN BÜROPFLANZEN

FÜR DAS BADEZIMMER

GRÜN IM SCHLAFZIMMER

SEHR GIFTIGE ZIMMERPFLANZEN

PFLANZEN FÜR VOLLSONNIGE STANDORTE

SEHR ROBUSTE ZIMMERPFLANZEN

PFLANZEN FÜR SCHATTIGE STANDORTE

PFLANZEN FÜR EIN TERRARIUM

LUFTREINIGENDE PFLANZEN

KEIN PROBLEM MIT TROCKENER LUFT

GANZJÄHRIG WARMER STANDORT

PFLANZEN MIT RUHEPHASEN

PFLANZENNAMEN, DEUTSCH

PFLANZENNAMEN, BOTANISCH

BILDNACHWEIS

- Airplants, www.etairnity-airplants.nl: 88.
- Anneke Beemer: 52, 113 *(Tibouchina)*.
- Bakker, www.bakker.com/Visions, www.visionspictures.nl: Seite 22 *(Ficus)*, 27 *(Philodendron)*, 40 *(Cleistocactus, Ferocactus)*, 41 *(Echinocactus)*, 42 *(Epostoa)*, 42 *(Mammillaria)*, 48 *(Cycas)*, 49 *(Chrysalidocarpus)*, 55 *(Sinningia)*, 58 *(Fatsia)*, 62, 64 *(Hedera)*, 67 *(Mandevilla)*, 69 *(Dischidia)*, 71 *(Hoya)*, 71 *(Pilea)*, 76 *(Guzmania)*, 83 *(Calathea)*, 84 *(Calathea)*, 86 *(Sansevieria)*, 87 *(Dieffenbachia)*, 98, 100 *(Blechnum)*, 101 *(Nephrolepis)*, 110 *(Corokia)*, 111 *(Yucca)*, 118 *(Aloe)*, 119 *(Kalanchoe)*, 122, 124 *(Euphorbia)*, 125 *(Lithops)*, 127 *(Dionaea)*, 152 *(Dendranthema)*, 153 *(Rosa, Saintpaulia)*, 156 *(Ananas)*, 157 *(Plumeria)*.
- Bloemenbureau Holland, www.bloemenbureauholland.nl: 11, 12, 15, 16, 20, 22 *(Pachira)*, 23 *(Schefflera)*, 24 *(Zamioculcas)*, 26 *(Dracaena, Sansevieria)*, 28 *(Beaucarnea, Carex)*, 35 *(Oncidium, Phalaenopsis)*, 36 *(Cattleya, Miltonia)*, 37 *(Paphiopedilum, Vuylstekeara)*, 38, 40 *(Cereus)*, 41 *(Gymnocalycium)*, 42 *(Euphorbia)*, 43 *(Polaskia)*, 43 *(Schlumbergera)*, 50 *(Howea, Phoenix)*, 51 *(Caryota)*, 54 *(Curcuma, Gloriosa, Hydrangea, Hibiscus)*, 56 *(Gerbera)*, 57 *(Medinilla)*, 58 *(Ficus)*, 59 *(Monstera)*, 60–61, 65 *(Cissus)*, *66 (Passiflora)*, 66 *(Hoya)*, 68 *(Rhipsalis)*, 69 *(Epipremnum)*, 70 *(Ceropegia)*, 72, 74 *(Spathiphyllum, Euphorbia)*, 75 *(Tillandsia, Vriesea, Zantedeschia)*, 76 *(Anthurium)*, 77 *(Calathea)*, 80, 82 *(Aglaonema)*, 83 *(Codiaeum)*, 84 *(Begonia)*, 86 *(Dracaena)*, 94 *(Begonia, Kalanchoe)*, 96–97, 100 *(Adianthum)*, 101 *(Davallia)*, 112 *(Callisia)*, 112 *(Pentas)*, 116, 119 *(Echeveria)*, 120 *(Crassula 2x)*, 120 *(Euphorbia)*, 124 *(Jatropha)*, 125 *(Platycerium)*, 126 *(Beloperone, Nepenthes)*, 128 *(Cryptanthus, Peperomia)*, 129 *(Echeveria)*, 134 *(Ficus)*, 138 *(Lilium)*, 139 *(Oxalis)*, 140 *(Hyacinthus, Muscari)*, 141, 150 *(Rhododendron)*, 151 *(Fuchsia, Streptocarpus)*, 152 *(Campanula, Kalanchoe)*, 153 *(Primula)*, 154 *(Mimosa)*, 156 *(Anigozanthos, Bougainvillea)*, 168.
- De Nieuwe Tuin, www.denieuwetuin.be: 106, 107 (Salatpflanzen, Tomate).
- Flora Press, www.flora-press.de: 6, 22 *(Radermachera)*, 23 *(Tolmiea)*, 24 *(Syngonium)*, 25 *(Pilea)*, 25 *(Schefflera)*, 27 *(Coffea)*, 29 links *(Cyperus)*, 44–45, 48 *(Livistonia)*, 51 *(Rhapis)*, 56 *(Clivia)*, 57 *(Haemanthus)*, 59 *(Philodendron)*, 64 *(Ampelopsis)*, 64 *(Fatshedera)*, 65 *(Philodendron)*, 68 *(Asparagus)*, 70 *(Aeschynanthus)*, 71 *(Sedum)*, 76 *(Neoregelia)*, 78–79, 82 *(Aphelandra)*, 83 *(Maranta)*, 85 *(Ficus)*, 86 *(Cordyline)*, 87 *(Ctenanthe)*, 90, 92 *(Ficus, Fittonia)*, 93 *(Selaginella, Nertera, Soleirolia)*, 95 *(Exacum)*, 102–103, 110 *(Muehlenbeckia)*, 111 *(Sparmannia)*, 114–115, 119 *(Haworthia)*, 121 *(Senecio 2x)*, 124 *(Kalanchoe)*, 129 *(Gynura)*, 132, 134 *(Ehretia)*, *135 (Ficus)*, 135 *(Polyscias, Serissa)*, 138 *(Begonia, Colchicum)*, 142, 144 *(Eichhornia, Pistia)*, 145 *(Hottonia, Myriophyllum, Salvinia)*, 150 *(Browallia)*, 154 *(Gardenia)*, 155 *(Pelargonium, Stephanotis)*, 162, 165, 169, 170, 173.
  - Flora Press, Visions, www.flora-press.de: 26 links *(Aspidistra)*, 29 rechts *(Cyperus)*
- Greenlifestore, www.greenlifestylestore.nl: 41 *(Ferocactus)*, 59 *(Musa)*, 74 *(Aechmea)*, 77 *(Tillandsia)*, 85 *(Begonia)*, 130–131.
- INTENZ HOME®, www.intenzhome.nl: 25 *(Clusia)*, 48 *(Chamaedorea)*, 58 *(Alocasia)*, 68 *(Chlorophytum)*, 87 *(Syngonium)*, 100 *(Asplenium)*, 101 *(Phlebodium)*, 125 *(Myrmecodia)*, 128 *(Tradescantia)*.
- Maayke de Ridder, www.maaykederidder.com: 32, 95 *(Euphorbia)*.
- Modeste Herwig, www.modesteherwig.eu: 29 *(Pelargonium)*, 34 *(Phalaenopsis, Dendrobium)*, 37 *(Odontoglossum)*, 51 *(Trachycarpus)*, 57 *(Ipomoea)*, 67 *(Plumbago, Thunbergia)*, 85 *(Solenostemon)*, 94 *(Achimenes)*, 104, 107 (Kräuter), 108, *110 (Chamaerops)*, 111 *(Olea)*, 112 *(Citrus)*, 113 *(Streptocarpus)*, 118 *(Aeonium, Agave)*, 127 *(Sarracenia, Tacca)*, 136, 139 *(Hippeastrum)*, 140 *(Narcissus)*, 148, 150 *(Abutilon)*, 151 *(Cyclamen)*, 155 *(Jasminum)*, 157 *(Strelitzia)*.
- Pika, www.pikaplant.com: 146–147.
- Spruitje, www.spruitje.nu: 161.
- Tamara Witjes, www.tamarawitjes.com: 34 *(Cymbidium)*.
- Thinkstock, www.thinkstockphotos.com: 30–31, 46 *(Phoenix)*.

Bakker.com The joy of gardening starts here   PICTURES & PHOTOGRAPHY VISIONS